どん底から見える希望の光

——ともに生きる福祉《ケア》の実践——

［著］佐々木 炎

キリスト新聞社

はじめに

この本で伝えたいことは「人は他者との出会いによって変わることができる」、その一言に尽きます。集められている文章は、「生島ヒロシのおはよう一直線」（ＴＢＳラジオ）や『ふれあいケア』（全国社会福祉協議会）、その他の雑誌での原稿に加筆したものや、今回新しく書いたものです。学校の成績が五段階で一や二ばかりだった私がこのような本を出すためには、ほかの人の何倍もの時間を割かなければなりませんでした。それでも、粘り強くやり抜くことができたのは、私がそうであったように「人は他者との出会いによって変わることができる」（「対自存在」）ということを伝えたいという強い想いがあったからです。

取り上げている内容は、私が様々な専門技法を駆使して、困難を抱えた高齢者や障碍《がい》者を変えるというものではありません。むしろ反対に、私自身が社会から小さくされた「当事者」に出会う中で自らの考え方や生き方、捉え方が変えられていくというものです。福祉《ケア》の仕事をしていると、当事者から拒まれたり、どうにもできない現実があったり、そういった懊悩《おうのう》の中で葛藤し打ちのめされることが多くあります。でも、そのような過程を通してこそ自分自身を見つめなおし、自らを変えていくことが可能となります。私もそうして他者との出会いの中で自分自身を見つめなおすことを繰り返してきました。無学で利己的な私は、当事者との出会いの中で多くを学び、成長させていただき変えられてきたのです。

私たちの目の前にいる困難を抱えた人の課題は、個人の問題や課題だけではなく、社会の一人ひとり、すなわち「私」の課題と通底し連動しています。だからケアする側とされる側という分断を超えて、互いに弱さをさらけ出した先に、それぞれが幸福を得ていく。これがケアの「本質」だと私は考えています。

この「ケア」の本質を、この本を手にしたあなたにも体験していただけたらと思っています。そして家庭や地域、施設や病院など様々な「現場」に、あなたが明日からも立ち続ける一助になれたならば本望です。

目次

最も小さい人たちの傍ら。そこには確かにあの方がおられる。

そこにキリストはいるか

二〇代後半、私が牧師になったばかりの頃、古びたビルの一室を借りて、一五人ほどが集まって礼拝をしていた。その小さな教会で子どもたちと話し合って、クリスマスイヴに、トルストイの書いた『靴屋のマルチン』の劇をすることになった。

靴屋のマルチンは、長く連れ添った妻や一人息子を病気で失い、失意の中にいる。マルチンは自分の不幸を嘆き、「神様なんていない」と絶望していた。そんなある夜、キリストの声を聞く。「マルチン、マルチン。明日、あなたのところに行くから待っていてくれ」。次の日、マルチンはいつキリストが現れるかと期待して窓ばかり見つめていた。でも、キリストはいっこうに現れない。そのかわりに、窓からは、雪かきをしている老人が寒そうにしているのが見えた。マルチンは老人を家に招いて暖かいお茶をふるまった。次に、赤ちゃんを抱えた貧しい母親が見えた。マルチンは寒そうにしている母親に上着を与えた。次に、通りすがりにおばあさんのかごからリンゴを奪おうとした少年を見た。マルチンは急いで外に出て、少年と一緒におばあさんに謝った。夜になってもキリストは現れなかった。マルチンは落胆する。そのとき、昨夜と同じようにキリストの声を聞く。「今日、私はあなたを訪ねた。あの老人も、あの赤ちゃんを抱いた若い母親も、あの少年も、みんな私だったのだ。私がおまえのところに行ったのがわかったか」「貧しい人、悲しんでいる人、苦しんでいる人、そのような人たちの中に私はいる」

私は子どもたちとよく話し合い、練習を重ねて本番を迎えた。劇は一七時から始まり、子どもたちは練習以上にうまく演じ、拍手喝采で終わった。教会はこの後、キャンドル礼拝、駅でのキャロリング、来られない信徒の家々を訪問する予定で、スケジュールは満杯だった。

私たちが劇を終えて片付けをしていると、教会のドアが開いた。そこには、息を切らした小さな女の子と父親らしき人が立っていた。私が挨拶をすると、女の子が一枚のチラシを差し出した。それはその日の夕方、教会の最寄り駅で私が配った「子ども劇」のチラシだった。私はその子の顔を見て、その小さな女の子とのやり取りを思い出した。

「今夜、教会でクリスマスの本当の意味がわかる劇があるよ」。すると女の子は、「お父さんに聞いてくる！」と言ってチラシを持って家に帰り、電話をしてから戻ってきた。そして私に嬉しそうに話してくれた。「お父さんが一緒に行ってもいいって言ってくれた。お父さんと一緒に行くから、絶対に待っててね」

「分かった、待っているよ」

父親が事情を話し出した。「昨年妻が亡くなり、私たちは父子家庭になりました。今年は二人きりの寂しいクリスマスになると思っていました。それが、この子が私を教会に行こうと誘ってくれたんです。子どもは私の帰りを楽しみに待っていたのですが、どうしても抜けられない仕事が入り、遅くなってしまったんです。本当にすみません。わがままだって承知していますが、どうかこの子のためにもう一度、劇をやっていただけませんか」

私は早速、教会の大人や子どもに相談した。子どもたちは「やろう」と言ったが、大人たちは「予定が詰まっているから無理だ」と言った。結局、大人の意見が結論となった。私はそれを父親に伝えた。女の子は悲しそうな瞳で私を見つめ、父親は無言でその子の手を引き、去って行った。私は教会の子どもたちに「残念だけどできない」と大人の結論を説明した。

子どもたちは少しの間、しーんと静まり返った。その直後、先ほどキリストの役をした小学二年生の男の子が大きな声で劇のセリフを大人に向けて叫んだ。

「貧しい人、悲しんでいる人、苦しんでいる人、困っている人、そのような人たちの中に私はいます」。彼は涙声で、こう続けた。「本当のキリストが来たのに大人は帰したんだ。教会がキリストを帰していいのか!」

私も含めて、大人は絶句した。劇のチラシにはこう書かれていた。

「はっきり言っておく。わたしの兄弟であるこの最も小さい者の一人にしたのは、わたしにしてくれたことなのである。」(マタイ二五・四〇)

私は我に返り、急いで教会の外に飛び出し、キリストを探した。けれど、暗闇に父子は見つからなかった。私は何という取り返しのつかないことをしたのだろう。家族を亡くした悲しみを抱えた父子の絶望はどれ程深かっただろうか。どん底でクリスマスを迎えた彼ら親子にこそ、キリストは救い主になるために生まれてくださったはずなのに、その福音を、その希望を伝えるべき私は何をしたのか。キリストの誕生を祝う日に、主役のキリストを追い返してしまった偽善者の自分自身に気づき、私は人目をはばからず泣いた。

あれから何年か経って私は、教会で福祉の働きを始めた。そこにはキリストが、絶え間なく様々な姿でやって来る。要介護の高齢者、疾患の苦しみを抱える人たち、全財産が数百円の貧しい人たち、前科のある人、孤独な一人暮らしの人たち。私はその度に「小さな者を見捨てず、その人の尊厳を大切にして共に生きること」を思い出し、自分に言い聞かせている。

神は、教会の入り口まで来たキリストを帰してしまった救いようのない私の過ちを裁くためではなく、私の傍らに降り立ち、共に苦しみ、私という罪人の友であり続けようとしてくれた。だからキリストとしてダビデの町の馬

そこにキリストはいるか

小屋の飼い葉桶にお生まれになった。聖なる方があえて、私の主になろうと願い、汚れた飼い葉桶に誕生し、十字架の上で全身の痛みを覚え、身代わりの死を成し遂げた。

私はクリスマスが来るたびに心が疼《うず》く。そして、この疼きを通して、最も小さい人たちの傍らにと私はいざなわれる。そこには、確かにキリストがいる。

「今日ダビデの町で、あなたがたのために救い主がお生まれになった。この方こそ主メシアである」（ルカ二・一一）

生きる道を共に苦しみ探し求める姿勢が、当事者の希望につながる

「無償の愛」のバトン

私の父は列車事故に遭い、現在で言うところの「高次脳機能障害」を抱えていた。そして四〇代で精神科病院に隔離され、その病院にボランティアとして出入りしていた母と出会った。当時母は一九歳だった。

「電気椅子で脳に電流を流す治療をしていたら廃人になってしまう。夜中に脱走させてほしい」

そんな父の訴えを母は真に受け、父の脱走を手助けした。それ以来、一九歳だった母は妻子ある「高次脳機能障害」の中年男性との逃避行を余儀なくされたのだ。だが、逃げ出したはいいものの、病を抱えた父は仕事ができず、二八歳年下の母が生計を担うことになった。同じ場所に三カ月と定住していられず困窮を極めた。そんな生活に貧困の連鎖を断ち切る術などあるはずもなく、気づいたときには死に場所を探してさまようほか、やれることは何一

つ残っていなかった。そんなとき、ある婦人が事情も聞かずにやさしく声を掛けてくれたのだ。

「もし良かったら泊まっていきなさい」

悲壮感漂う私の両親に何かを察したのか、その方は見ず知らずのホームレス同然の両親を家に招き入れ、お茶や食事を提供し、無償で一間を提供してくれたのだった。さらに驚いたことに、それから三年近く住まわせてくれた。もしその方が声を掛けてくれなければ、私はこの世に存在していなかっただろう。誰かに倫理的に裁かれたり、叱責されたり、批判されたりしていたら、両親はとうの昔に死んでいたはずだ。

私は、その方のことを両親から何度も聞かされてきた。その方を思うたび、言葉に尽くせない感謝と畏敬の念を感じていた。今思うと、その婦人に人としてあるべき姿を思い描いて生きてきたようにも思う。人を言動や属性によらず、あるがままの状態で敬意を払って受け入れ包容すること。それを「愛」や「慈悲」、「仁」というのだろう。私は見ず知らずの誰かから、それを受けたゆえに、自分も見ず知らずの誰かにそれを実践していく大切さを強く感じている。それが私の福祉の原点であり、その基盤でもある。

あるとき地域包括支援センターから吉田良男さん（仮名）という七五歳の一人暮らしの男性を紹介された。良男さんは生活保護受給者で介護度は要介護4。過度の飲酒による肝硬変をはじめ、高血圧、糖尿病、脳梗塞の後遺症による片麻痺、それに伴う歩行困難、さらに軽度の認知症（MCI）を抱えていた。良男さんの住まいは六畳一間の古びたトタンの小屋で、室内はタバコのヤニと糞尿で異臭が充満し、脱いだままの服やゴミが散乱し、隙間風が吹いている状況だった。ボロボロの布団が掛かったコタツの上には山盛りの吸殻と焼酎の瓶、腐った残飯の器、小銭が散乱し、良男さんは万年床と化したコタツの中に身を横たえていた。やせた身体、こけた頬、ぼうぼうのヒゲ。挨拶をすると目だけがギョロリと私を睨《にら》み、怪訝《けげん》そうな表情を浮かべ、やがてまた目を閉じてしまった。その後、体調不良が続いても酒・タバコをやめず、暮らしぶりは変わらず、民生委員や保健師、介護サービス、私の訪問を拒み続け、酒の勢いで「うるさい。オレの自由だろう。嫌なら帰れ。オレは構わないんだぞ」と毒づいた。地域ケア会議を開いても、良男さんの生活を改善する具体策は何一つ見えてこない。まさに八方塞がりだった。

しかし、何度目の訪問のときだったか、いつものように拒否されて帰り掛けた私の耳に、こんな言葉が聞こえたのだった。

「オレなんか生まれてこなければよかった。オレなんか死んだほうがいいんだ。生きていても意味がないんだよ」

それは良男さんが常に感じてきた本音の残響のように聞こえた。思わず振り返って良男さんを見たとき、私はほとんど反射的に「いや、生きてほしい」と思わずにはいられなかった。「辛苦にあえぐこの手を離してはならない」という強烈な思いが胸に押し寄せてきた。幼いときから何度も聞かされてきた、あの「福祉の原点」が私を突き動かしたのではないかと思う。どんな事情であっても、その人の言動や属性ではなく、存在を大切にして、寄り添う無償の愛を実践していく大切さを感じたのだ。私はそんな思いに駆られながら尋ねてみた。

「良男さん、あなたは今日までよくがんばって生きてきましたね。どんな夢があるのか教えてください」

するると良男さんは照れくさそうに、こう言った。

「もう一度……別れた子どもに会いたい。そして謝りたい」

そのとき八方塞がりの死と絶望の雲の切れ間から、未来と希望がキラリと顔を覗《のぞ》かせたのだった。

私たちは、希望すればするほど絶望が深まり、期待すればするほど失望が増し、何をやってもうまくいかないと諦めてしまっている当事者と数多く出会う。そうした、疲れきって自暴自棄になっている当事者を前にして、困り果てることも少なくないだろう。しかし私たちは、そうした当事者を自己責任や自業自得といった言葉で片づけるのではなく、倒れ傷ついているその人の場所に赴き、あるがままに包み、人生を投げ出さないで生きる道を苦悩しつつ共に探し求めたい。その姿勢が、存在の途絶えそうな崖っぷちの当事者の希望につながっていくと思う。それを教えてくれたのは、私の両親に手を差し伸べてくれた名もない婦人だ。その「福祉の原点」に突き動かされて、私は今日も現場に赴く。

「関係の喪失や断絶が『死に至る病』である」（セーレン・キェルケゴール）

「どうせオレなんか」、一〇代の迷走から救ってくれた人

見つけるまで、あなたを探す

「全員集合。いいか、今日はリキを入れてやるぞ。ハンパなことをするな。……返事が小さいっ‼」

アイドル歌手を応援する不良グループ「親衛隊長」としてハチマキを締め、何百人ものアウトローの前に立ち、檄《げき》を飛ばす、これが一〇代の私だった。

学生時代の私は成績が悪く、中学生の頃から「誰もオレを心底理解してくれない。大人は表面的なことや偏差値ばかりで人を序列化し評価する」と感じて、そのことにいたたまれない苛《いら》立ちを抱くようになった。そしていわゆる〝不良〟になっていったのだ。次第に生活は荒れ、様々な事件も起こした。

そんなある日、私はアイドル歌手のコンサートに行き、そこで今までの生活では得られなかった興奮、開放感を体験した。その瞬間は、のしかかる現実やしがらみから自由になり、嫌な現実を忘れられた。ここに初めて自分の居

場所を見つけたような気がしたのだ。
　私は親衛隊に加わった。ところが、この親衛隊というものは、アイドルを応援するだけの集団ではなかった。実は「黒い世界」と何ら変わりない組織で、実際にそのような世界で生きている人もいた。カンパという名の上納金制度もあり、そのうえ、金を納めるために恐喝や強盗などを繰り返す人も少なくなかった。また、争いの絶えない闘争集団でもあり、殴る蹴るの暴力は日常茶飯事。「自分の居場所」と惚れ込んで、自分からそのような組織に入り込んだ私は、いつしか幹部になり、隊長になり、ある県の親衛隊をまとめる「連合隊長」になっていった。いつもどこに行くのにも何百人という隊員を連れて歩き、遊びまわった。今まで私を邪魔者として見下していた大人たちが、私の機嫌をとるようになったのだ。誰一人、私に反発する人も批判する人もいなかった。

　しかし、それでも私の心には、生きているという実感も生きる喜びもなかった。心は荒れすさんで枯渇して死にそうだったのだ。ひとたび親衛隊以外の私生活に戻れば、学校は卒業したものの、これといって生きる意味も目的もなく、その場が楽しく過ごせさえすればそれでいいと言わんばかりの有様。小さな町工場で汗と油まみれになって働く職を見つけても、結局すぐに辞めてしまう。そんなことの連続だった。親衛隊の熱狂から離れて、我に返り、現実の中で自分を見るとき、どうしようもなく惨めになり、消えてしまいたい気持ちになったものだった。

「どうせオレなんかこの社会では邪魔ものなんだ。誰も社会の虫けらのような無用なオレの声なんて聞いてくれない。ましてや思いなんて受け止めてくれるわけがない。何のために生きているんだろうか。オレなんかヤッパリ生まれてこなければよかったんだ」

いくら、自分の存在の意味を思い巡らしても、街の喧騒と人混みの中では、私の思いなどどこにも届かなかった。その度に、ふがいない自分自身から逃げ出そうとするかのように、暗闇に光を求めるように、私は爆音を轟かせながら目的もなく車を飛ばし走り続けていた。自分の現実からなんとか逃げ出したい。その一心だったと思う。

そんな暮らしのなかで父親が私に声をかけてきた。「教会でも行ってみたらいい」。断る理由もなく近くの教会に行ってみた。そこで私の心を捉えた聖書の話があった。それは聖書の中に出てくる「迷い出た羊」という例え話だ。一〇〇匹の羊を飼っている羊飼いが、その中の一匹が迷い出たらどうするか。羊飼いは、迷い出た一匹を断罪したり、批判したり、責任をとらせたり、見捨てたりしなかった。ただ、九九匹を残して、ひたすら迷い出たたった一匹を足を棒にして捜し、見つけ出す。そして、崖から動けず泣いている羊を、自らの危険も顧みずいのちがけで助けたのだ。羊飼いは愚痴もこぼさず、面倒くさがりもせず、この一匹が見つかったことを無条件に心から喜んだ。この羊飼いの行動こそ、目には見えない神さまという方の思いが表れていると主イエスが語っていたのだ。

わたしはハッと気づいた。この羊こそ私自身ではないか。神さまという方は、社会の枠からはみ出し、さまよっていた私を探し出し、丸ごと受け止め、こんな無様な状態であるにもかかわらず、私の存在を喜んでくれていると感じたのだ。神さまが、探し出されるに値しない、自らはみ出した私を、探し出すことを厭《いと》わず、見つけ出して歓迎してくれている。この大きな愛があれば私はどんなときでも生きていけると思った。私は生まれて初めて「この世に生まれてきてよかった」と感じた。そして、今生きていることへの喜びが泉のようにあふれてきたのだった。

あなたは今、喜びに満ちた生活を送っているだろうか。たとえあなたが、今どんな状況にあろうとそのままでいい。そのままのあなたを、神さまという方は探している。あなたが迷っているからこそ、なおさら、神さまはあなたを心配しているのだ。

二六歳のときに書いた証より

彼は確かに生きていた

私が介護の仕事に就いたのは二〇歳のときにある人と出会ったことがきっかけだった。

私は当時、静岡県浜松市にある福祉系の学校に通っていた。その学校に隣接する障碍者施設に、佐藤健一さん（仮名）という私と同じ二〇歳の若者がいた。健一さんは筋肉の難病で重度心身障碍者だった。初対面の時、健一さんは「ウ～！」と奇声を上げ、口からよだれを流し、居室の床にアメーバーのように這《は》いつくばっていた。私は大きなショックを受け、言葉を失った。私はそれまで、世の中に自分よりも不幸な人間はいないと思い込んでいたからだった。

私は非嫡出子（法律上の婚姻関係にない男女間に生まれた子）として生まれ、物心ついたころから風変わりな父親の言動に振り回され、虐待まで受けていた。

また、地域社会から後ろ指を指され、かといって勉強もできず、どこにも居場所がなかった。一〇代になると家にはほとんど帰らず、友だちの家やゲームセンターに入り浸るようになっていた。夢も希望もないまま、ただ時間だけが過ぎていった。将来に希望が持てずに、自分は不幸なんだと思うことで逃げていたのだ。しかし、あの日見た健一さんの姿に、自分の生い立ちと現状よりも悲惨な現実があると思い知らされ、私は胸が締め付けられたのだった。

健一さんが難病を発症したのは中学生のころだった。ご家族は彼の病気が原因で、経済的にも精神的にも崩壊して離散。彼には施設に入るという選択肢しか残されていなかった。彼は自分には何ら落ち度があるわけでもないのに難病を負い、身体の自由を奪われ、言葉を発することもできずに生きてきたのだった。そんな健一さんに「それでも、難病によって人生に屈辱を味わうことなく、少しでも幸せになってほしい」と思った私は、頻繁に彼を訪問するようになっていった。

私は学校が終わると健一さんを訪ね、彼の好きな音楽を聴きながら、たわいもない話をするようになった。一緒にテレビやビデオを観て、食事を介助し、休日は私のヤンキー車に乗って外出もした。施設から出て、五年ぶりにファーストフード店で食事をした彼が街の喧騒と人波に釘づけになり、じっと目を凝らしていたことを思い出す。「女の子をナンパしてみたい」。そんな一人の青年として当たり前の心の渇望に触れたこともあった。卒業を間近に控えたころ、自分の進路に迷っていた私は、何気なく悩みを打ち明けた。すると彼は文字盤を使って、私の一生を決めるミッションとなる言葉を送ってくれた。

「ぼくのような人たちの介護をして一緒に生きてほしい」

「いつかぼくたちが地域の中で当たり前に生きることができるようにしてほしい」

「大丈夫。君ならできる」

私はその後、神学校や社会福祉専門学校を経て介護の世界に入った。しかし現場は厳しく、頑張れば頑張るほど健一さんの与えてくれた「ミッション」は遠のくばかりだった。私は彼の願いを叶えられない苦しさから、彼に会わせる顔がないと思い続けてきた。私が自分の不甲斐《ふがい》なさを認め、勇気を振り

彼は確かに生きていた

絞って会いに行くまでには二五年の歳月が必要だった。私が、ようやく健一さんを訪ね、まだ約束を実現できないでいることを謝罪したとき、彼は涙を流している私に体を寄せて手を握ってくれた。そして、大きな瞳で私をやさしく見つめてくれた。私たちはしばらくの間、手を握り合っていた。

「ねえ健一さん。今は君の夢を実現できていないけれど、私は努力を続ける」

私の言葉に、健一さんは目を閉じて、大きくうなずいてくれたのだった。

健一さんは昨年、約束の実現を見届けることなくこの世から旅立った。しかし、今も私は、彼の言葉を胸に、障碍や疾患、貧困、老い、能力の有無に関係なく、誰もが「地域の中で当たり前に生きることができる」方法を模索している。そして「大丈夫。君ならできる」という彼がくれた言葉に励まされながら、地域で支援を必要とする一人ひとりに向き合い続けている。私がそのミッションに挑み続けることは、健一さんが確かに生きていた証でもあるのだ。

苦しみは誰かを癒す力になる

その苦悩こそ

加藤武子さん（仮名）は、名前の通り、武士の家柄の長女として、地元の名士だった両親に育てられた。私が武子さん宅を訪問すると、そこは今にも崩れそうなアパートだった。同居する夫とは姓が異なり、話を聞くと、二〇代のとき、当時妻子のあった夫と知り合い、その社会運動に共鳴し、親の反対を押し切っていっしょになったという。そのため常に一カ所に留まることができず、逃避行を続けながら貧困のなかで子育てをし、今まで暮らしてきた。そして今、武子さんは末期の肺ガンで余命六カ月と宣告され、介護サービスを利用することになったのだ。

「私の人生の六〇数年を振り返ると、誰の役にも立たず、私の決断で子どもたちや夫の家族、自分の実家にも迷惑をかけました。私の人生は何だったんでしょうね」

その苦悩こそ

武子さんは自分の人生は後悔ばかりだと話してくれた。

同じ頃、私たちのサービスの利用者に、四〇代の敏男さん（仮名）という中途障碍の車いすの男性がいた。

「障碍者となり、家族を支えられず迷惑になっているので死にたい」

敏男さんは私に文字盤で告白し、私はその深い苦しみに対してどのように支援したらよいのかわからずにいたのだ。

ある日私は、二人の同意を得て、武子さん宅の訪問に敏男さんを連れて行った。武子さんは敏男さんに自分の半生を話した。そして話し終えると武子さんは敏男さんに言った。

「ありがとう。私のどうしょうもない人生を、批判もしないで最後まで聞いてくれて。あなたが最初で最後よ」

武子さんは敏男さんに出会い、話したことで何かを得たようだった。

数カ月後、障碍者施設に入った敏男さんから、施設の文集が届いた。

「私はここに来る前、人生に絶望し死にたいと思いました。でも、ある介護職員に連れられて武子さんという女性に会いました。そのとき、こんな自分でもまだやることがあると知りました。私は自分の甘えに気づき、これからはどんなことがあっても命のある限り生きていこう、そう決心したのです」

文集には、笑顔の写真と共に敏男さんの文章が載っていた。私は喜び勇んで、酸素マスクをつけるようになった武子さんのアパートを訪ねた。

「武子さん、あなたの人生は決して無意味ではありませんでしたよ。見てください」

私が敏男さんの文章を代読すると、痛み止めのモルヒネと低酸素状態で薄れる意識の中で、武子さんは大きくうなずき、頬には涙のしずくが流れた。私も涙が止まらなかった。

「不幸のどん底にいるときこそ、信じてほしい。

世の中にはあなたにできることがある、ということを。

他人の苦痛を和らげることができるならば、人生は無駄ではないのです。」

（ヘレン・ケラー）

その苦悩こそ

自分の人生には他人から何一つ賞賛されるものがないと思い込んだまま、武子さんの生涯は終わりを告げるところだった。でも、自分の苦難は敏男さんが苦悩を乗り越えるための〝布石〟になったと気づいたとき、今までの日々は無駄ではなかったとわかった。どんなにどん底に思えた人生でも、自分の苦渋が誰かを癒すためにあったのだとしたら、それは無駄ではないのだ。人生の不幸や苦労を経験した者によってでしか癒しえぬものがある、開かれない世界がある。

私たちの利用者さんは、老いや障碍によってどん底に落とされ、自分をはかない存在と感じているかもしれない。でも、どん底にいるからこそ、誰かを励まし、癒し、支えることができるのだと、私たちは信じ、支援したいと思う。自分の苦難が誰かの苦痛や苦悩を乗り越えるための〝布石〟になることを知ったとき、その苦難こそが自分の人生を肯定してくれるのだ。

いのちの限界が、本当に大切なものを見つけさせる

ぼくら終活サポーター

松田裕一さん（仮名）は要介護4で六〇代後半、脳梗塞を患い、生活保護を受けながらアパートで暮らしている。ガンの末期で余命六カ月と宣告されていた。松田さんは、五〇代の女性と入籍しないで同居しているという複雑な家庭の事情と、悪化していく病状とを理由に、どこに相談しても体よく断られ、流れ流れて失望の末に私たちの事業所にやってきたのだった。

私が初めて訪問したとき、ちょうど同居する女性がベッドから車いすへ裕一さんを移乗するところだった。その動作はぎこちなく、介護の知識も病気への理解も不足しているように見えた。しかし、女性が必死に介護をしている様子ははっきりとこちらに伝わってきた。二人がどんな状況で出会って恋に落ち、どんな過去を封印しているのか。この先、決して長くはないだろう二人の生活をどんな思いで送っているのか。日に日にできないことが増えて

いく日常生活、深まる身体の痛み、強まる社会からの疎外感、そんな逆境のなかで懸命に生きている二人の姿に胸が痛み、私は言葉を失った。私は暗いトンネルの真っただ中にいる二人の姿を見つめながら、単に病気のケア、生活の支援だけではなく、人として最期まで自分らしく生きることをサポートしていきたいと思わずにはいられなかった。

当初、裕一さんは私たち介護者に気を使い、遠慮して自分の思いをあまり口にしなかった。

私は「何に困っていますか」「何をしてほしいですか」と事あるごとに要望や希望を尋ね、それに応えることを心掛けた。それは自身を自身の意思で生きてほしかったからだ。

やがて少しずつ打ち解けていくにつれて、裕一さんは「シャワー浴をしたい」「太陽の日差しの下で車いすに乗って買い物をしたい」と言ってくれるようになった。時には外出して、あたたかな日差しを浴びながら、公園の子どもの声を聞き、木漏れ日を感じた。また、病気になってから初めて電車に乗ってお世話になった人たちに会いに行き、感謝を伝え、お別れの挨拶をした。こうして穏やかな、人として当たり前の日常を取り戻した裕一さんは、徐々に本来の自分も取り戻していった。そして、同居する女性との入籍を決めたのだ。

「今まで、籍が入っていなくても実質の夫婦であればいいと思っていました。でもこうして病気になり、自分のいのちの限りを知りながら一緒にいることで、もう一度自分を見つめ直したんです。傍にいてほしい、寄り添って生きていたい……もうほかのものはいらないと思ったのです」

私が出会った当初、二人は病に翻弄《ほんろう》され、生活の危機に瀕していた。生きる希望を失った裕一さんと、精神的・肉体的な介護の負担に苦しむ同居女性は、それぞれに悩みを抱えて、途方に暮れていた。しかし、介護者の支援を受けて、二人は生活に余裕を取り戻し、気持ちにも余裕を取り戻し、お互いの存在を改めて考える機会を得た。そして、ついに最も大切な〝愛し合う〟喜びを見いだしたのだ。

裕一さんは私たちに一つの真理を教えてくれた。いのちの限界は人を絶望に追い込んでいくこともあるが、大切なものを発見できるように導き〝追い込んでくれる〟こともあると。

いのちの限界を感じたとき、人が大切なものを発見できるためには何が必要なのか。裕一さんを通して、私たち支援者が非常に重要な役割を担っていることを教えられた。たとえ利用者とその家族が、どんな漆黒の闇に包まれていても、一人ひとりのいのちはかけがえのないものだということ、人生に与えられるもので無意味なものなどないということ、それを介護者が信じてサポートすることが必要なのだ。

「あなたがどれほど人生に絶望しても、人生のほうがあなたに絶望することはない」(ヴィクトール・E・フランクル)

もちろん、時にはため息をつき涙をこぼし、うずくまるかもしれない。だが、生活が支えられて、自分を見つめ直す機会があるのならば、人は本来、本当に大切なものを見いだす力を持っている。そして、潜在的に秘めている希望を見いだすことができるのだ。

痛みを抱えた人が介護者を救う

社会は要介護者を必要としている

ある日の午後、私はホームヘルパーの実習生と一緒に土井明子さん（仮名）を訪問した。明子さんは七〇代半ばで要介護４、訪問介護サービスを利用しながら夫と二人暮らしをしている。

明子さんは北関東の出身で、若い頃に結婚したが、最初の夫は家庭内暴力が激しく離婚。三人の子どもを連れて家を出たが、生活は苦労の連続だったという。だが、そんなときに今の夫とめぐり会い再婚した。その後、明子さんは食堂の厨房で朝から晩まで働き、子どもたちを成長させたのだった。退職後はカラオケや手芸、演劇鑑賞などを幅広く楽しんでいた。

昨年の冬、明子さんは買い物へ行く途中に転倒し、大腿部骨折と診断されて入院した。すると病院の医師から、「あなたには動脈瘤があり血管が破裂してしまう危険があるので手術は難しい。自然治癒を待ちましょう。残念ながらもう自力では歩くことはできません。車いすの生活です」と思いがけない宣告をされたのだ。

退院して半年が経った今もなお、依然として痛みが激しく、明子さんはベッドの上で横たわっていることしかできないでいたが、私たちとの雑談のなかで、何気なく今の心境を語り出した。

「医者から手術ができないと言われて涙が出ちゃったわよ。これから周りの人に哀れまれたり、迷惑ばかりかけて生きたりするなんて、人生のどん底だと思ったわ。でもね、あるとき夫がこう言ってくれたのよ。オレはお前が寝たきりになっても面倒を見るから心配するな、って。私はそのとき、たとえ不自由な生活になってもいいと思えたのよ。そうしたら骨折して不平不満ばかりだった現状から、感謝が生まれてきたの。窓から見える四季の移り変わり、風の音、太陽の光、それに感動できる心、生きていること自体がうれしくなったの。そうしたら幸せな気持ちになってきたのよ。どん底にたどりついてもそれで終わりじゃない。人生はいろいろあるけれど捨てたものじゃないわよ」

それを聞いていた実習生は、明子さんの言葉にポロリと涙をこぼした。この実習生は、不景気でリストラされた失望の中で再出発して、介護の仕事を始めるところだったのだ。将来への不安な気持ち、経済的な心配を抱えていた実習生は、明子さんの苦しみからあふれ出た〝ことば〟に勇気づけられたのだった。

「私のような人でも、まだ社会に役立つことができるのね」

そう言って、明子さんはほほ笑んだ。

「人間の体は土の器である……体は朽ちても、きれいな水を入れれば、器は壊れてもその水が地にしみ込んで、草木を成長させる。人間にとっては、その水である『命』が大切なんだ」（日野原重明『生きかたの選択』河出書房新社）

私たちの身体は、病み、老い、やがて土に還《かえ》っていくもろい「土の器」だ。

特に要介護者の身体は老いにともない、ひび割れ、欠け、朽ちていく最中にある。だが、そこで大切な視点は、その器に入れる水であり〝いのち〟だ。外側の体はひび割れても、それで終わりではなく、ひび割れたすき間から滴り落ちる水が大地を潤すように、欠けた器だからこそこぼれる〝いのち〟がある。それは誰かの心にしみ込んで、社会を豊かにしていくのだ。

私たちは要介護者への働きかけを「保護すること」から「老いを生かして積極的な役割を担ってもらうこと」へと変えていかなければならないだろう。そして、要介護者の方がひび割れの痛みに耐えながらこぼす〝いのち〟が、誰かを生かす原動力になるように支えていくことが求められる。明子さんは自らの経験を通して、社会に問われる真の豊かさとは何かを示してくれたように思う。私たちの社会は切実に、要介護者の痛みから滴り落ちる〝いのち〟を必要として渇いているからだ。

オレだって好きでこんな病気になったんじゃないっ!!!

涙の源泉を共に

山田豊さん(仮名)は四二歳で要介護2、一人暮らしの男性。三七歳で若年性パーキンソン病と診断され、一年前から私たちの事業所の通所介護を週に一回利用するようになっていた。高齢者の多い施設にあって、若いためか周囲となじめず、また満たされない暮らしも重なって怒りっぽく、ささいなことでスタッフや利用者さんに腹を立てていた。そんななか、私は豊さんがどんな思いで暮らしているのか理解したいと願って自宅を訪問した。豊さんは古い木造アパートの一階、六畳一間に住んでいた。部屋には介護用ベッドとわずかな衣装ケースがあるだけだった……。

豊さんは東京生まれでバブル世代。大学時代のアルバイト先のジャズクラブにそのまま就職した。おしゃれで魅力的な仕事で、豊さんも才能を発揮して三四歳で六本木の店を任されるほどだった。彼は人生を謳歌していたのだった。ところが三七歳のとき、急にまっすぐ歩けなくなり、体に異変を覚えるようになった。検査の結果、病名は「若年性パーキンソン病」。豊さんは自分の病気が、今の医学では治せない難病であり、いつか寝たきりになって死んでいくものだということを知ったのだった。また、対症療法の薬も副作用が多く、一生の間に飲める量に限りがあることも知らされた。大きなショックを抱えつつ、いちばんの理解者だと思っていたオーナーに告白すると、解雇を言い渡された。豊さんは病気と失業、さらに信頼していた人からの拒絶という経験を一度に味わったのだった。

その後の豊さんは、約五〇〇万円の借金返済のためにねずみ講に手を出した。友人や親兄弟を必死で訪ねたが思うように売れず、借金はますます膨れ上がり、家族さえ失う結果となった。それからはアルコールに溺れる毎日となり、うつ病を患い、睡眠薬で自殺未遂、そして破産……。坂道を転げ落ちるようにして、人生のどん底にたどり着いたのだった。

そして病気が進んだ豊さんには、もう一つの大きな苦悩があった。それは、薬が効いていればある程度の日常動作ができる一方、切れると身体の自由が全く利かなくなる落差だった。あるとき、家のトイレのドアの前で薬が切れ、動けなくなった。尿が漏れると知りながら動けず、失禁。そのまま二時間ほど何もできず、トイレもできなくなった惨めな自分に涙するしかなかったという。そのうえ追い打ちをかけるように、近所のコンビニエンスストアの店長から「迷惑だからもう来ないでほしい」と告げられた。何度もレジの前でもたついて、商売の邪魔だと思われたのだった。

誰にも理解されず絶望するだけの日々……。豊さんはとうとう、悔しさを抑え切れず叫んだのだった。

「オレだって好きでこんな病気になったんじゃないっ！！！」

「佐々木さん、そのときのオレの気持ちわかります？　オレはこの世で必要とされない邪魔な存在なんだよ……。オレ、何でこんな病気になってしまったんだろう。まだ普通の人の半分しか生きていないのに死んでいく。オレがどんな気持ちでいるか、わかってくれよ……」

そう言って、豊さんはポロポロと涙を流した。私はその涙を見ながら、進行していく病とやがて来る死、不毛に思えるような人生を背負わされた豊さんに心が痛んだのだった。豊さんの力になりたいと思いながら、何の解決策も見いだせない無力な自分に気づかされたのだった。それと同時に、自分を邪魔者として排除せず、無条件に抱きしめてくれる誰かを渇望している豊さんを初めて理解できたように思った。

今後、豊さんは病気が進行していく中で、今より嘆くことは増える。どれほど泣いても涙の源泉が枯れることはないのだろう。病は治らないのだから。だが、乾くことないあふれ出る涙はどこに流れ、たどり着くのか。その行き着く先は、豊さんの心の中ではないかと思うのだ。「涙」という字は、「水」に「戻る」と書く。豊さんの涙は、きっと豊さんの内側に流れて、魂を潤す水になるのだ。だから私にできることは、一縷の望みを捨てないで、豊さんの心に希望の種が芽吹くのを祈る思いで伴走し、待つことだと思う。今はそれしかない。私たちの涙の源泉は、尽きることがない。だが流した涙が心に潤いを与え、やがて「祈望《きぼう》」が見いだせるように共に歩むことを続けていきたい。

やさしさだけではなく役割を

やさしい、だから「いづらい」

「人はその人生の中で、さまざまな課題に突き当たりながら生きてきます。その課題を十分に解決できずに過ごしてきて、不幸にして高齢期に認知症になった時、そのことが心の中でやり残した課題として深く残っていて、それが問題行動として浮かび上がってきます。」(「バリデーションの原則」より、ナオミ・フェイル『バリデーション』藤沢嘉勝監訳、筒井書房)

青木友子さん（仮名）は八六歳で要介護2、中程度のアルツハイマー型認知症だ。二年前から通所介護を週二回利用しているが、最近は「家に帰ります」と職員に伝えて出かけることが多くなった。そのたびに職員は同伴するが、友子さんは途中で自宅の場所がわからなくなり、また通所介護施設に戻ることになる。友子さんの探している自宅は、五年ほど前、高知県から娘さ

やさしい、だから「いづらい」

んの住むこの地に引っ越してくるときに処分され、今やどこにも存在しないのだ。

その日も友子さんは、午後三時頃「家に帰ります」と訴えた。私は同伴し、途中で休憩のため公園のベンチに腰かけた。そこで友子さんは、生まれ故郷の話、寡黙な父親と厳しい母親の話、長女として生まれ家業を手伝った話、大自然に囲まれ川で泳いだ話、楽しかった女学校の話、そして、息子さんにもっとやさしくしてあげたらよかったと後悔している話をしてくれた。一段落し、落ち着いた友子さんに私は尋ねた。

「どうして家に帰るのですか?」

友子さんは少しためらった後、こう答えた。

「あそこの人はみんないい人でやさしいから苦しいの。あなたもやさしくしないでよ」

私は友子さんの丸まった背中を見ながら、「人のやさしさが苦しい」という心情に思いを巡らせた。

友子さんの息子さんは重い障碍を持って生まれた。友子さんは、そんなわが子を産んだ自分を後悔し、育児の苦労を重ねるたびに、「この子さえいなければ自分はもっと幸せだった」と思ったそうだ。その子が九歳で亡くなると、母親としての自分を責めるようになり、今まで生きてきたというのだ。自責の念を抱えている友子さんにとって、やさしくされればされるほど、それはかえって重荷となり、通所介護施設は心安らぐ場所にはならなかったのだ。また、友子さんは何の役にも立たずに手間ばかりとらせる自分に悩み、職員たちのやさしい言動がむしろいづらさをより深めて、耐え切れず立ち去りたい思いになっていたこともわかった。だから友子さんは、何もできなくても心置きなく過ごせる自分の家に帰りたかったのだ。

「バリデーション」という、認知症高齢者の感情レベルに焦点を当てたコミュニケーション法がある。その原則には「人はその人生の中で、さまざまな課題に突き当たりながら生きてきます。その課題を十分に解決できずに過ごしてきて、不幸にして高齢期に認知症になった時、そのことが心の中でやり残した課題として深く残っていて、それが問題行動として浮かび上がってきます」(フェイル前掲書)と書かれている(「バリデーション」について詳しくは、都村尚子『バリデーションへの誘い《いざな》』全国コミュニティライフサポートセンターを参照)。

やさしい、だから「いづらい」

確かに友子さんの「帰宅願望」は、夕暮れ症候群であり、判断能力や見当識の低下も要因として考えられる。だが、それがすべてではないのだ。人は誰しも、避けられない苦しみに突き当たり、大なり小なり、友子さんのように解決できなかった課題やつまずきを残したまま生きている。それが認知症になって「帰宅願望」として表われてもおかしくはないだろう。一方で、真の解決を図り自身の人生を、これでしかなかった、これで良かったと安堵するチャンスを得ているとも言える。

私たち介護職員は、利用者さん一人ひとりの言動の奥に意思が秘められていることを、豊かな感性をもって理解したいと思う。そのためには、単に不安や混乱をやさしさや思いやりで受け止めるだけでは足りない。その人独自の歴史を共有しつつ、心に閉じ込められている「やり残した課題」に想像力を働かせ、察してみてほしい。そして、その人が担うことのできる役割や仕事を共に発見し、誰かの役に立っていると感じられる感覚を引き出せるようにしたい。そのとき私たちとの関係が、利用者さんにとって心置きなく過ごせる居場所になり、やがて安らかな最期を迎えることに繋がるのではないか。

神は最後にいちばん良い仕事を残してくださる

誰かの幸せのために生きる

二〇二五年には認知症の方が一三〇〇万人に達すると予想されている。国民の九人に一人、高齢者の三人に一人ということだ。認知症は誰もが避けたいと思う病気だ。予防は大切だとさかんに言われる。しかし私は、「認知症でも幸せに生きる」術を知ることが最も大切だと思う。

小松保子さん（仮名）は八〇代、アルツハイマー型認知症で要介護2の女性だ。膝の痛み以外は身体に問題はなく、息子さん家族と三世代同居で暮らしている。三年前から記憶障害や見当識障害、段取りが立てられない実行機能障害などの中核症状が生じ、火を消し忘れ鍋を焦がす、炊飯器やレンジの使い方が分からなくなる、買い物に行って帰れなくなるなど日常生活に支障をきたすようになった。息子さんは保子さんに配慮し、母がしてきた料理や洗濯、掃除、畑仕事からの卒業を提案した。しかし、保子さんはできなくなった自分を認められず、次第に息子さんと折り合いが悪くなり、しまいには介護拒否や暴言、お金や物を盗まれたなどの被害妄想が現れ、家族は困ってしまった。

認知症は「役割を失い、自己肯定感（自尊心）を失う病」と言われる。保子さんの場合は親や妻、主婦、お婆さん、地区の役員など様々な役割が自分らしさ（アイデンティティ）を形成していた。しかし、認知症によって、役割を失い、役割から得ていた他者からの承認を失い、結果的に自分の存在意義や居場所、立ち位置を見失った「見当識障害」となったのだ。そして、焦りや不安、思い込み、抑うつが募り、暴言や介護拒否、自己防衛などのＢＰＳＤ（心理的な要因）が出現する悪循環に陥ってしまったのだった。

このような悪循環から抜け出すには、認知症になった現在でもできる役割を担うことが重要だ。保子さんは一人では調理ができないが、誰かが野菜と包丁とまな板を用意すれば洗って切ることができる。誰かが火をつければ煮ることもできる。介護支援があれば、まだまだできることは多いのだ。こうして保子さんが調理し、家族が「母ちゃん、おいしいなあ」と喜ぶことで、良い関係が生まれ、自己肯定感や生きる喜びが再確認できる。人は、認知症のためにどうしようもなく不安だとしても、誰かの役に立っているという「今、この瞬間」の喜びを味わうことで、「まだまだ生きていていいんだ」という生きる力を得ることができる。だから、たとえ認知症になっても、自分のためだけでなく、家族や周りの人、社会のために役割を持つことが自分らしく幸せに生きる秘訣と言える。

認知症になると、確かに何かしらできていたことができなくはなるが、料理や洋裁、手芸や園芸、掃除や大工仕事、子育てや絵を描くなど手作業は身体が覚えているものだ。それどころか、認知症で喪失した何かを補うために、今まで使っていなかった潜在能力が見つかるかもしれない。実は、老いて認知症になることでしかできない役割もあるのだ。こんな詩を紹介したい。

「最上のわざ」

この世の最上のわざは何?
楽しい心で年をとり、
働きたいけれども休み、

誰かの幸せのために生きる

しゃべりたいけれども黙り、
失望しそうな時に希望し、
従順に、平静に、おのれの十字架をになう。

若者が元気いっぱいで神の道を歩むのを見ても、ねたまず、
人のために働くよりも、
謙虚に人の世話になり、
弱って、もはや人のために役だたずとも、
親切で柔和であること。

老いの重荷は神の賜物、
古びた心に、これで最後のみがきをかける。
まことのふるさとへ行くために。
おのれをこの世につなぐくさりを少しずつはずしていくのは、
真にえらい仕事。
こうして何もできなくなれば、

それを謙虚に承諾するのだ。
神は最後にいちばんよい仕事を残してくださる。
それは祈りだ。
手は何もできない。
けれども最後まで合掌できる。
愛するすべての人のうえに、神の恵みを求めるために。

すべてをなし終えたら、
臨終の床に神の声をきくだろう。
「来よ、わが友よ、われなんじを見捨てじ」と。

（ヘルマン・ホイヴェルス『人生の秋に』春秋社）

人は人生の最後に、おのれの十字架（認知症や老い）を担う。そして誰かの世話になるという役割を担うことになる。誰かの世話になって、家族や周りの人、社会のみんなの幸せを祈るという行為が、その人に関わった全ての人の永遠に残る幸せの源泉になるのだ。

その一粒の涙から、明日への力が生まれる

七夕の備忘録

「母が、どうしてもそちらのデイサービスに顔を出したいと言っていて……。伺ってもいいでしょうか」

先日、一年三カ月ぶりに武藤久子さん（仮名）の娘さんから電話があった。

武藤さんは八七歳で要支援２、娘さん家族と同居している。膝の変形痛があり、室内では何とか歩けるが、外出時は誰かに車いすを押してもらわなければならなかった。私は五年ほど前から、通所介護に来る久子さんと週に一度かかわりを持っていた。ところが昨年三月、久子さんは突然、県外に引っ越していった。「娘の仕事の都合で……」と聞いていた。その後、久子さんが住んでいた家は解体され、そこに分譲住宅が建ち、久子さんが過ごした当時の面影は跡形もなく消えてしまっていた。

娘さんからのうれしい知らせに、私は「喜んで待っています」と答えた。

当日、車いすで到着した久子さんは以前と何ら変わらず、小さな不調は抱えながらも穏やかに見えた。早速、久子さんと仲の良かった敏江さんに声をかけ、私も加わって、三人で近況を話し始めた。敏江さんが、自分の病気の苦しさ、四国から息子の家に引っ越してきたこと、その息子とうまくいっていないこと、そして、やっとできた友人だった久子さんと別れて寂しい思いをしていることを話しながら涙ぐんだ。すると、今までほほ笑んで聴いていた久子さんが、涙ながらに声を出したのだ。

「敏江さんも大変だったのね。実は私も、引っ越して今でもつらい。引っ越した本当の理由は、亡くなった夫が事業で失敗して、その借金の返済のために家と土地を手放したの。引っ越し先は知らない人ばかりで、最初の三カ月は、どうしてこんな運命になったのかと夜中に涙を流したわ。心が折れそうで、支えてくれるものが欲しくて。そのたびにここで出会った敏江さんや職員さんの顔を思い出して、何度も朝を待った。本当は今日、ここに来るのが怖かったの。私が覚えているだけで、みんなは私のことなど忘れてしまったんじゃないかと……。でも最近、病院の検査でポリープが見つかったの。

もうじき私は寝たきりになって死ぬかもしれない。だからそうなる前に、どうしても私は、この世界に自分を心に留めてくれる誰かがいることを確かめたかった。だから娘に頼んで無理やり来たの」

私も敏江さんも初めて、久子さんの置かれていた状況を知らされた。私は語りかけずにはいられなかった。

「久子さん。慣れ親しんだ土地から遠く離れて、さらに寝たきりになるかもしれない病を抱えて……おつらいですね。でも、久子さんは私や敏江さんにとって大切な人です。そんな簡単には忘れません。だから、この先、もし寝たきりになって、死が目の前に迫っても、今日のことを思い出してください」。そして、ここに久子さんを忘れないで心に留めている人がいること、久子さんの平安を祈り、力になりたいと言った人がいること、一緒に涙を流した人がいたことを忘れないでほしいと伝えた。

私たちは日々の忙しさのなかでも、利用者さんに幸せになってほしいと願い、心を傾けている。だが、私もそうであったように、いつも顔を合わせていても、むしろ身近な相手だからこそ、その心の内や悩みに気づかないことがある。互いに知らずに、また知らせずに日々を過ごしてしまっているのではないだろうか。伴侶、子ども……。しかし、老いも若きも誰であれ、いつもと同じように明日が来るとは限らないのだ。だから、私たちは改めて、その人が抱えている苦悩に目を留め、「一粒の涙」を共に流す必要があるのではないだろうか。その涙は、相手の苦境を察し、その辛苦を共有しなければ込み上げ、あふれ出ることもない。もし、老いの中で未来をなくしかけている利用者さんがいたとしても、自分の悲しみやつらさに共感して、一緒に泣いてくれる誰かが、どこかにいてくれたなら、〝私は一人ぼっちではない〟と感じることができるだろう。そして、その一粒の涙が利用者さんを力づけ、まだ何が起こるかわからない明日に毅然と向かわせてくれるのだ。

一年ぶりにデイサービスを訪れた久子さんは、七夕の短冊にこう書き留めて帰られた。

「遠い人想ひ出してゐる天の川」

七月の初旬のことだった。

心の奥にしまい込んでいる苦痛を汲み取れ

聴く人が要る

「さようなら。いろいろお世話になりました。妻をよろしくお願いします」
電話の向こうからは暗く落ち込んだ声がした。そして一方的に電話が切られた。

私は電話口にいる新田幸雄さん（仮名）の自死の危険を感じて自宅に伺い、丁寧に声をかけてみたが、幸雄さんは「ごめん、さようなら」と私を押し出し、ドアを閉めてしまった。幸雄さんの自死への意志は固く、その日、私は仕方なく奥さまに状況を説明し、見守ってほしいと伝えて帰宅した。万策尽きた私は、膝をついて祈ることしかできなかった。

幸雄さんは六五歳で要支援1、二世帯住宅に住んでいる。幸雄さんが物心ついた頃から、家族は偏見に苦しんできたという。兄弟に知的障碍者の方が

聴く人が要る

いたためだ。それでも幸雄さんは堅実に生き、大学時代は安保闘争に加わり、卒業後は都内で自営業を始めて順調に暮らしていた。しかし、目の中に入れても痛くない娘さんが高校時代にいじめに遭い、精神疾患で引きこもるようになると、安らぎの場であった家庭はぎくしゃくし始めた。やがて、幸雄さんは現実から逃げるようにアルコール依存症になり、六二歳で軽い脳硬塞のため要介護状態になって、私たちとのかかわりが始まったのだ。

その後、幸雄さんはリハビリに励み、歩行と言語にやや不自由が残ったが、それでも日常生活は自立できるほどに回復した。しかし、愛する娘さんが自死され、事業は借金を残して廃業に追い込まれ、収入はわずかな国民年金だけという状況になっていた。そんなある夜、幸雄さんは私に電話をくれたのだった。

翌朝、幸雄さんは予告通り自死を決行した。幸い一命を取り留め、私は入院先を訪ねた。

「ごめん。オレ、もうどうにもならないんだよ……」

幸雄さんはベッドの上で肩を震わせ、涙をポロポロ流した。不自由になった身体、仕事をしたくてもできなくなったふがいなさ、家族の大黒柱からお荷物になったと感じるつらさ、そして何より、愛する娘さんを助けられなかった後悔。事ここに至って初めて、幸雄さんは積もり積もった今までの心の痛みを次々と吐き出してくれた。私はただ耳を傾けることしかできなかったが、そのとき初めて本当の意味で幸雄さんの心に何が起こっていたのかを想像することができ、胸が痛んだ。そして昨夜の自分を思い返し、深く反省した。あのとき、私は幸雄さんの苦しみを受け止めず、とにかく生きてほしいという勝手な願いを押し付けて説得しようとしてしまった。本当は腰を据えて、幸雄さんの心の痛みに降り立ち、聴き続けることが求められていたはずだ。

私たちの日常の大半は、暗闇の支配下にあるのかもしれない。人生は苦痛と悲嘆の連続だと感じることも、ないとは言えない。だが介護者は、そうした、魂の一部をもぎ取られるような痛みや悲しみを抱えている利用者さんから、目をそらしたり逃げたりしてはいけない。まず何より、利用者さん自身が悲嘆にきちんと向き合い、自らの運命として受け入れて、生きることができるように「支縁」する必要がある。だから、私たち介護者の具体的な役割は、

聴く人が要る

利用者さんが心の奥にしまい込んでいる苦痛を汲み取り、聴くことだ。人は、そこに聴く人がいることで、ときには思いがけなく自分の口から出てきた言葉から自分の心の声を聴き、自分でも気づいていなかったかもしれない深い痛みに向き合えるようになる。そこから、自らの重荷を受け入れ、痛みや悲嘆に意味を見いだし、オリジナルな生を全うしていく過程を始めることができるのだ。

「苦しみを口にできないということ、表出できないということ。苦しみの語りは語りを求めるのではなく、語りを待つひとの、受動性の前ではじめて、漏れるようにこぼれ落ちてくる。つぶやきとして、かろうじて。」(鷲田清一『「聴く」ことの力』阪急コミュニケーションズ)

幸雄さんは、そう教えてくれたような気がする。

お酒に隠れている真実の見つけ方

また来てもいいですか

江口節子さん（仮名）はアルツハイマー型認知症で要介護2の利用者さんだ。節子さんは私たちの通所介護を週2回利用しているが、「お財布がない」と探し回ったり、「夫はどこに行ったの？」「家に帰らないといけない」と言うなどの帰宅願望があったりと不穏になることが多々あった。

節子さんは浩さん（仮名）という男性と内縁関係にある。浩さんは、約一〇年前から節子さん所有の一戸建てで同居し、ここ三年は認知症になった節子さんに代わり、家事全般から金銭管理までを担っている。しかし酒やギャンブルなどにお金を使う浪費癖があり、最近は節子さんの年金まで使い込んでいる様子で、介護サービスの利用料を滞納していた。

ある日、浩さんから大声で「今からそっちの事務所に行くから待ってろ！」とどなり声で電話があった。その後しばらくして、昼間から酒の臭いをさせた赤ら顔の浩さんが事務所に現れた。

「あんたがここの責任者か！　あんたたちは商売で介護しているが、家に帰れば介護など関係ない生活を送っている。でもね、私なんか、お金をもらわずに介護しているんだよ。それなのにあんたたちは私から金を取り、しかも八二歳の私に、介護はこうですよ、と好きなことばかり言う。あんたは職員にどんな教育をしているんだ！」

浩さんは酒の勢いで一方的に不満を話し出した。私は低姿勢で聴き続けたが話が終わる気配はなく、なんとかしてお帰りいただこうと機会を待っていた。しかし浩さんは、不意に節子さんとのなれそめを話し始めたのだ。

節子さんは大学で英文学を学び、大手商社の重役秘書を結婚まで務めたこと、その後、夫と貿易事業を興して成功し、語学力を活かした海外取引や旅行ざんまいの日々を過ごしていたこと。しかし、バブル崩壊で事業が傾いて夫が借金苦で自死したこと。一人娘を抱えて返済に追われる日々となり、予想外の現実にパニックの連続でうつ病を発症したこと。一方で、浩さんもリストラに遭い人生に失望していたこと。そんなときに二人は出会い、かすかな希望を互いに見いだし、家族を捨て、周りの反対を押し切って同居したこと。そして今、かつて浩さんが、すべてを犠牲にして人生を共にすることを決めた節子さんは認知症になり、浩さんの存在を忘れること、被害妄想になった節子さんから些細なことでののしられること、時には包丁を手にした節子さんに追いかけられ、警察沙汰になることを話してくれたのだ。相手を大切に思いながらも空回りする浩さんの気持ちが痛いほど伝わってきた。私は初めて、この二人に起きていることを理解した。そして、今までの浩さんに対する浅はかな偏見の態度を恥じ、大変な状況で十分に頑張っていることを知ったと伝えた。すると、思いがけない言葉が返ってきた。

「わかってもらえますか……。また来てお話ししてもいいですか」

利用者さんや家族は、老いの過程で喪失の連続にある。どうすることもできない現実と否応なく向き合わされ、逃げても逃げ切れない状況に出くわしている。そんなときには、浩さんのように酒を浴び、やり場のない気持ちを全力でどこかにぶつけなければ立ち往生してしまうことがある。そうやって、大切なものを必死に守ろうとしているのかもしれない。ならば、浩さんの言動は解決への道のりであり、乗り越えていく過程に必要なことだったと言えるだろう。だから私たち介護者は、利用者さんやご家族が大切なもののために葛藤する中で生まれる痛みを私たちにぶつけてくることを「よし」としたいと思う。そしてその姿を見守る理解者であり続けたい。ぶつけなければ乗り越えられない痛みの深さを理解し、付き合い続け、分かち合う。その先に、大切なものを失わずに生きていける未来があると、浩さんの姿から教えられている。

「困難ケース」としてではなく人として向き合う

それでも心は生きている

藤田浩さん（仮名）は六八歳で要介護1、統合失調症で一人暮らしをしている。地域包括支援センターから困難ケースとして依頼があり、私は自宅を訪ねた。浩さんの家にはごみや衣類が散乱し、雨戸は閉めきったままで、不衛生な状態だった。浩さんは無精ひげを伸ばし、こたつを万年床にして寝ていた。私が挨拶すると、横になったまま「何しに来たんだ」と大声を出し、帰れと言わんばかりの目でにらんできた。そして、地域包括支援センターからの依頼でもあった、訪問介護の利用について話すと、「そんなのはいらない。邪魔なんだよ」と怒鳴られたのだ。こたつの上に毎日届くお弁当の食べ残しがあったことから食事を取っていると確認できただけで、私は早々に退散するしかなかった。

その後、何度も訪問したが、家の鍵は掛かったままだった。唯一ドアを開けるお弁当の配達時間に合わせて行くと、「お前は何の権利があって入ってくるんだ。早く帰れ」と言われ、私は正直「困った人を引き受けてしまったなあ」と思った。実際、打つ手がない状態だった。

ところがある日、私は帰りたい気持ちを抑え、怒鳴られる中であえて、しばらく訴えに耳を傾けた。そして静かに核心を話した。

「浩さん、私にはあなたに拒否されても、来る理由があります」

「あなたの力になりたいんです」

しばらくの沈黙の後、浩さんはこう告げた。

「二階についてこい……」

言われるまま上ると、そこには、浩さんの趣味だったのだろうオーディオセットとCDがあった。そして、その場所で浩さんは、自身の過去を話してくれたのだった。私立の進学校から偏差値トップの大学に入学、大手電機メーカーへ就職して順調な人生を送っていたこと、しかし離婚が原因で心を病み、失職したこと……。何枚かの写真とともに、私は浩さんの人生を垣間見ることが許された。そして最後に浩さんから初めて支援の申し出があった。

「今度、ひげそってくれないか」

翌日、浩さんは万年床で待っていた。10センチにも伸びたひげをそるには三〇分はかかり大変だったが、ぐっと距離が近くなったことを感じた。

「オレがここで寝るのはね、おしっこが近いからだよ。でも少しでももれば失禁しないと思って……。病気で難しいことが考えられなくてこんな発想しかできないんだよ。三年前に母親を亡くした。最期まで看てあげたかったが、オレの体が動かないから施設に入れてしまった。最期も看取れず、葬儀にも出られなかった。こんな人でなしで、役立たずなオレなんか死んだほうがいいんだ。そう思うだろう。もう希望はない。絶望だけ。自分を消したい。だから誰にも来てほしくないんだよ」

私は話を聴きながら心が痛んだ。生きる気力を失い、周囲に助けを求めることをやめ、セルフネグレクト（生活環境や健康状態の悪化にもかかわらず、周囲に助けを求めない状態）になっている。そして気づいたのだ。まだ浩さんの心は脈々と生きている。ただ病と心の傷みで、救いの求め方がわからないのだ。それが生活や言動に悪影響を与えているだけなのだ……。私はこう答えた。

「最愛のお母様を亡くされて、どんなにかつらかったことでしょう。でも、あなたが後悔していること、感謝していること、そして心の中で手を合わせ、思い出していること。それだけでお母様は十分喜んでいるのではないでしょうか」

「そうかなあ……。オレ、施設だけには入りたくない。母親と過ごしたこの場所で最期まで生きたい」

浩さんは自らのライフデザインを語ってくれた。ひげをそり、さっぱりした表情だった。私はやっと支援のスタートラインについたのだった。

人はごく普通の生活をしていても、何らかの病や、家族や配偶者との離別など、非常にショックな出来事によって気力を失い、孤立となる。また要介護状態になると、生活の不自由さから挫折を経験し、本当は自分がどうしたいのかを見失って、自分らしい未来を思い描くことができず、絶望し、自暴自棄になっていくことがある。そのとき支援者は、困惑して諦めるのではなく、その心情を理解しようとしなければならない。ただ表面上の言葉を交わすだけでなく、思いやりの心でその人の存在そのものに触れることが求められている。その存在に触れたとき、人は、抱えていどうしようもない思いを吐露し、癒しと回復の力を得て、自らの内にもっているかけがえのない未来を描き始めることができるのだ。浩さんはその大切さを教えてくれた。

居場所のない利用者さんに救われた私

絶望から始まる

その日、私はいつものように谷広美さん（仮名）の家を訪問した。谷さんは、九三歳で要介護2の女性。いつでも「よく来たね」と満面の笑顔で私を歓迎してくれる。だが、その日は、私の顔を見るなり、「元気がないけど、どうした？」と心配そうに声をかけてきた。

「いや……」

実はその頃、私は危機的な状況にあった。そんな自分の状況と胸の内を話すことを躊躇《ちゅうちょ》したが、谷さんの存在感に引き込まれたのか、気がついたら打ち明けていた。

当時小学五年生の息子が不登校になった。学校に行かない息子を何度も説得したが、息子はかたくなに行こうとしない。このまま家に引きこもってしまうことを想像すると、焦る毎日だった。私自身が非嫡出子という、社会的には不義の子として生まれ、貧困と虐待の中で育ったこともあり、せめて自分の家庭の子どもだけはまっとうに育ってほしいと願ってきた。それなのに、その夢がもろく崩れていくように思えて、失望に打ちのめされていた。また、立ち上げた小さなＮＰＯ法人は、私の方針についていけないという理由で、優秀なスタッフが数人辞めて赤字経営に陥り、事業が傾いていたのだ。約二〇〇〇万円の負債を抱えるなかで、どうしても実現したくて始めた社会福祉の活動が露と消えるのではないかと焦った。その上、ある大学の福祉学科の講師として招かれたのだが、片道二時間かけての通勤と、大学という組織や教員という立場への戸惑いがあり四苦八苦していた。

結果的に、無理をして心身を酷使していた私は、自律神経失調症になってしまった。突然やってくる冷や汗や頭痛、動悸《どうき》、吐き気、不安、食欲不振や不眠といったさまざまな症状に悩まされた。健康だけが取り柄《え》の私がこんなふうになったことが信じられず、受け入れることができなかった。また自分のふがいなさと人生の非情さに悶々《もんもん》とした思いを抱いていた。

「そうか」

思い悩む私の話を、谷さんは何度も頷《うなず》いて聴いてくれた。

「無理はすんな。あんたはもう十分私らのためにがんばってるんだから。あんたの息子だって学校に行かなくたっていいんだよ。生きてさえいればそれでいいんだ、いいんだよ」

何気ないありふれた言葉だったが、私はその場で身動きが取れなくなった。そして、今まで自分を縛り苦しめていた何かが解けたような気がして、膝をかがめ、声を震わせて泣いた。谷さんは黙って私の手をとり、ただ私と共に泣いてくれた。私は谷さんにすべてをやさしく包まれたような気がしたのだ。


「こんな豚小屋のような場所にはいたくないよ。でも……この年で行く所もない。私、早く死にたい」

私が初めて谷さんの部屋を訪問した時、谷さんは四畳半の薄暗い部屋で布団の上に座って、つぶやいた。谷さんは東北地方に住んでいたが介護が必要となり、約半年前に息子さんの住む川崎市に引っ越してきていた。「豚小屋」と表現した部屋は、郊外に建つ古びた3ＤＫの家の、日が当たらない北側にあった。部屋には、結婚して家を出たお孫さんの衣類やダンボール箱が所狭しと積み上げられていた。何とか布団を半分に折って敷き、やっと身を横たえることができるという環境で、失禁による尿臭がしていた。谷さんは、布団から起き上がると、背中を丸め、しわくちゃな顔で、目をしょぼしょぼさせながら、私の質問に東北なまりでぼそぼそと、これまでの人生を語り始めた。

谷さんは、東北地方の小さな山間の村に生まれた。両親は小さな畑を借りて小作として働いていた。家は貧しく、長女だった谷さんは、次々に生まれてくる兄弟を背負って、農作業の手伝いや家事を強いられ、ほとんど学校に行けなかった。「だから私は字が書けないんだよ。難しいこともわからない」。一二歳で繊維産業に就労し、女工として働いた。安い賃金で朝から晩まで一二時間、劣悪な労働条件で働いた。「自分は人減らしにされないだけましだった。しょうがなかったんだよ」とも言っていた。一九歳で結婚。結婚三カ月で夫は戦地に赴き、フィリピンで戦死。戦地から戻って来た骨つぼには、遺骨の代わりに腕時計が入っていた。しばらくしてお見合いで再婚。再婚した夫は三歳年下のサラリーマンだった。普段はおとなしいが、お酒が好きで、家に帰れば暴れた。また、何度も外に女性をつくって家に帰ってこないこともしばしばだった。それでも谷さんは家を建て、息子三人を大学まで出した。八〇代の時、夫は糖尿病と脳梗塞になった。谷さんは複雑な思いを抱えていたが最期まで看取った。そして今、いくつもの荒波を乗り越えた末に、布団半分の居場所にたどり着いたのだ。

私は谷さんの傍で泣きながら、彼女の人生に思いを巡らせていた。私はこれまで谷さんをどのように見ていたのか。ただ老いて、身体が不自由になり、「豚小屋のような」場所で生きている、介護を必要とする社会的弱者という面ばかりに目を注いでいたのではないだろうか。利用者さんを「英知にあふれた聡《さと》い存在」という視座で見たことがなかったのではないか。利用者さんが私を癒し、成長や幸福を与えてくれる相手だとは捉えていなかったのだ。私は、谷さんとのかかわりを通して、浅はかな自分の介護観と人間観をえぐり出され、問いかけられた気がした。

「理解する」を英語で「understand」という。「下」という意味の「under」と、「立つ」という意味の「stand」からできている言葉だ。利用者さんは、老いと病と死を目の前にし、戸惑い、行き詰まり、人生のどん底にいると感じることもある。だから、介護職は、高みからではなく、どん底のその人の「下」に「立つ」ことが大切であり、それが「理解する／understand」ということではないだろうか。介護職でありながら私自身は、その利用者さんの「下」に「立つ」ことを怠り、かえって見下ろして、「こうしたらよい」とアドバイスや知識の提供ばかりしていたような気がした。私は谷さんを通して、心情を知り、下に立つことの大切さを実感することができた。人は、痛みを分かち合うことでしか癒すことができない宿痾《しゅくあ》（長く治らない病気、課題）を抱えている。一方で、介護という仕事は、利用者さんと介護職が立場を超えて、互いに一人の人間として向き合い、痛みを分かち合うことで共に豊かになっていけるという素晴らしい可能性を秘めている。そうした可能性を実現できるかどうかは介護職次第なのだ。

谷さんをはじめ、多くの利用者さんは、あらがえない運命に翻弄されている。また、長い人生の道のりで挫折を重ね、最後には老いていく。人は誰でも、挫折の度に、「なぜ自分がこんな目に遭わなければならないのか」「自分はなぜ生きなければならないのか」「この苦しみにはどういう意味があるのだろうか」、そんな悩みを抱え、高齢期に「絶望」を味わうことになる。しかし、心理学者のH・エリクソンは「絶望」することには理由があると説明している。高齢期は、「絶望」することで「英知（本質を見抜く知恵）」が育まれ、人生の神髄を見いだす。その「英知」によって、同じように人生に苦悶《くもん》し混迷している「誰か」を癒すことができる。そして、誰かを癒すことによって初めて、「自分の人生の苦労が誰かの役に立った」と実感し、その時やっと新しい価値観で、自分の人生を「これでよかった」と肯定する、「統合」が生まれるようになるというのだ。

だからこそ介護職員は、老いの苦痛から生まれる利用者さんの「英知」を受け止め、受け継いでいくことが求められている。その中で、私が谷さんに救われたように、介護職もまた癒しが与えられる。私は今日も、明日も、利用者さんの痛みから産み出されてくる尊い「英知」を受け止めるべく、私自身がなるべく正直に痛みを分かち合い、しんどいけれども利用者さんと痛みを共有したいと、谷さんを通して願っている。

声を聞いて応えていくのは、ほかでもない「あなた」

あたたかな絆があれば

新村幹枝さん（仮名）は夫婦で不動産業を営み、小さいながらも暴力団の組事務所を構えていた。夫は大柄な体格や強面《こわもて》の顔、ドスの利いた大きな声や背中に描かれた入れ墨のために誰もが恐れる存在だった。その夫が肝硬変になり、事業は廃業。私たちの事業所が夫の介護サービスを引き受け、私がケアマネージャーになったのをきっかけに出会い、七年前に夫が亡くなるまで関わっていた。そんな幹枝さんが先日、介護保険のサービスで相談にのってほしいと、久しぶりに連絡をくれたのだ。幹枝さんは七三歳で要介護1になっていた。

自宅に伺うと、幹枝さんは以前よりも頬がこけて青白い顔だった。それでも、極道の妻らしく、凛《りん》と鋭い眼光は消えていなかった。私は、幹枝さんの愛する夫の仏壇にあいさつをして、それから話を伺った。肺ガンで入院し手術を受けたこと、転移の疑いがあること、一年間の抗がん剤治療が始まるため不安であること、生活に支障が出て要介護状態になったとのことだった。

二カ月後、私は一回目の抗がん剤治療を終えた幹枝さんを訪ねた。治療で体力を失い、寝ていることしかできない状態だったが、それでも無理をして起き上がって迎えてくれた。そして頭にかぶっていたバンダナを外し、髪が薄くなった姿を見せた。気丈な幹枝さんが弱さをさらしたことに驚く私を前に、幹枝さんは胸の内を静かに語ってくれた。

「佐々木さん。一回目の抗がん剤治療が終わりましたが、今回ばかりはつらくて参りました。吐き気やだるさ、口内炎で食欲が無いんです。体と気持ちが言うことを聞かないんです。今まで強く生きてきたけれど、生きるのがこんなに大変だとは思いませんでした。私、夫を失って、早く迎えが来ないかなと漠然と思っていました。でも、なぜこんなつらい治療を続けるのか考えたら、生きようとがんばっている自分に気がついたんです。佐々木さん。私、あと五年何とかして生きて、この手でひ孫を抱きたい。でも抗がん剤治療に一年も耐えられるか自信がない。転移もある。不安で怖い。だからどうか近くにいて、そっと見ていてくれないでしょうか。見ていてくれるだけでいいんです。気安い言葉なんか言わないで、そっと。お願いできるでしょうか」

私はしばらく声が出ず、ボロボロと涙があふれてしまった。死と生のはざまで苦悩する幹枝さんの要望が、私には闇に射し込む光と感じられたからだった。その頃、私は自信を失っていた。利用者さんが抱える人生の困難に圧倒され、解決の糸口がつかめず、自分の無力さに落ち込んでいたのだ。だが幹枝さんは、介護で何よりも大切なのは、自分自身が介護に向いているとか、能力があるとかではなく、たとえ非力でもいい、無能であってもいい。苦悩する利用者さんの傍らで必要に応えていくことだと教えてくれたのだ。

「神様は私たちに、成功して欲しいなんて思っていません。ただ、挑戦することを望んでいるだけよ」（マザー・テレサ）

涙の後、私はこう返事をした。

「頼りない私ですが、よかったら近くにいさせてください」

あたたかな絆があれば

人は生きるために心を奮い立たせて自信に満ち、強気で立ち向かっていくときがある。そして同時に、自分を見失い、自信を喪失して、どうあがいても立ち上がれないときもある。むしろ、弱い自分でいるときの方が多いかもしれない。だが、利用者さんと私たちの間に、弱さや無力さを分かち合うあたたかな絆があれば、弱くても無力でもいいのではないだろうか。

その後、幹枝さんはその手でひ孫を抱き、穏やかに旅立っていった。その姿を見た入れ墨を入れた娘婿は私たちの事業所に入職した。そして刑務所や少年院から帰ってくる当事者のよき友となって活躍している。死を超えて幹枝さんと私たちの絆は生き展開している。

私たちは苦悩を分かち合うために、幹枝さんのような方から今日も呼ばれている。声を聞いてその手を両手で包み、応えていくのは、ほかでもない「あなた」だ。

関係を拒む利用者さんの心を動かした、入職二年目の職員

また、背中ながせよ

「みのる、げんきよくなれよ　まっているぞ　またせなかながせよ」

貴田貴志さん（仮名）が脳梗塞後、初めて書いた字はナメクジがはっているようなものだったが、その思いは痛いほど伝わってきた。書き終えた貴志さんは、おもむろに重い口を開いた。

「オレは何度も死のうとしたよ。もうオレの体はどうしようもないだろう。オレは、つらくてふがいなくて死んで消えたいと思っているのに、みんな好き勝手なことを言う。誰にもわかってもらえない。心のなかで〝違う、そうじゃないんだよ〟と叫び続けている。もう、わかってもらいたくない。つらいオレの気持ちはそんなに簡単なことじゃないんだよ。でも、困っちゃうなあ。実さんには……」。貴志さんは唇をかみしめ、しばらく泣き続けた。

また、背中ながせよ

　貴志さんは六五歳で要介護４の男性だ。二年前に脳梗塞で右半身麻痺となり、車いす生活を送っている。中学卒業後に重機の資格を取り、高度経済成長期を過ごした。三四歳で結婚し、子ども二人の成長と、仲間と飲み明かすことが楽しみだったが、家庭を顧みず夫婦のいさかいは絶えなかった。

　私が貴志さんに初めてお会いしたのは、病院で歩行練習や作業療法の訓練を懸命に受けていたころだった。「自宅に帰ってもリハビリをがんばって、歩けるようになりたい」という貴志さんの明確な目標に応え、私は住宅改修や介護サービスの調整などを行い、貴志さんの在宅生活の準備をしていた。

　ところがリハビリの甲斐なく、結果的に貴志さんは車いす生活を余儀なくされることとなった。唯一誇れる仕事への復帰の道が閉ざされ、未来と経済基盤を失って、生活保護を受給するようになった。貴志さんの心は荒れすさみ、熱心だったリハビリも投げやりになり、不摂生から再度の脳梗塞を起こして、日常生活全般で要介護の状態となった。私は訪問のたびに励ましの声をかけたが、貴志さんには響かなかった。

　あるとき、貴志さんの介護を担当していた入職二年目の職員、実さんが持病悪化で長期療養となってしまった。私は貴志さんに、落ち込んでいる実さんへの手紙を書いて励ましてくれないかとお願いした。
「貴志さん、実さんは病気でベッドから動けず、落ち込んでいます。でもその実さんが私に、自分を背負って貴志さんのところに連れて行ってほしいと嘆願したんです。自分よりもっとつらい境遇にいる貴志さんなら、人生や将来に絶望し、いら立ち、苦しむつらさをわかってくれるのではないかというのです。彼は苦しい日々を何とか過ごす気力を貴志さんからもらいたいと思っているのです。今、貴志さんが苦しんでいる状態が、実さんの日々の励ましとなっているのです」。私がそう話すと、貴志さんは慣れない左手にペンを持ち、苦心して冒頭のメモを綴《つづ》ってくれたのだ。

「神よ、
変えることのできるものについて、
それを変えるだけの勇気《カレイジ》をわれらに与えたまえ。
変えることのできないものについては、
それを受けいれるだけの冷静《セレニティ》さを与えたまえ。
そして、

変えることのできるものと、変えることのできないものとを、
識別する知恵《ウイズダム》を与えたまえ。」
（アメリカの神学者ラインホールド・ニーバーの祈り、大木英夫『終末論的考察』中央公論社）

なぜ私の働きかけは貴志さんに届かず、実さんの思いは届いたのか。どうすれば、利用者さんをはじめ私たちは不治の病や障碍を受け入れ、心安らかに生きることができるのか。その答えはそう簡単には見つからない。だが一つのことははっきりしている。私は単に正論を伝えることに一生懸命になり、貴志さんを助けることはできなかった。一方で、実さんは自身の痛みと貴志さんの痛みを重ねることで、貴志さんの心を動かしたのだ。

介護者と利用者が、様々な出来事に苦しむ一人の人間として互いに向き合うことができたとき、利用者さんはつらさや弱音を吐き出す。そのとき、苦しむ人にほんの少しだけ生きる力が生まれ、希望のかけらが垣間見える。私たち支援者は、いつも痛みと悲しみのかけらを一つひとつ丁寧に共有し、利用者さんと共に未来に目を向けていくものでありたい。

悩みを持つ一人の人間が、心のドアを開ける

侵入者

「私は元気ですから介護はいりません。帰ってください」

訪問介護サービス開始から四日目。初日から連日、何度インターホンを押しても、電話をかけても応答はなく、玄関のドア越しにやっと聞けたのは、丁重なお断りだった。

私が野本昭子さん（仮名）と初めて会ったのは、昭子さんの自宅だった。昭子さんは八〇代後半で要介護２、一人暮らしだった。地区の民生委員が昭子さんの生活を心配し、私たちの事業所に連絡をしてきた。名古屋から駆け付けた娘さんも同行して訪問すると、庭には雑草が生い茂り、玄関の中に入ると異臭がした。私は、昭子さんが認知症なのかもしれないと見当をつけていた。

出迎えた昭子さんは「何で私が介護を受けなければならないの？　家に他人が入るなんて絶対いやよ」と猛烈に拒絶した。しかし、娘さんの強い言葉に押され、渋々ながら介護サービスの利用に同意したのだ。

その後も連日、拒否が続いた。私たちは昭子さんの脱水症や栄養失調の危機を懸念した。どうしたら認知症の昭子さんの命の危機に関わる事態を回避できるのか。様々な工夫を講じ、何度も訪問や電話を重ねたが、昭子さんの態度は変わらなかった。

そんなある日、新人職員の真理さんが玄関での押し問答の末、こう嘆願した。

「昭子さん、開けてください。私もあなたと同じ一人暮らしで寂しいんです。私の相談に乗ってくれませんか？」

すると、これまで全く開かなかったドアが不思議にも開いたのだ。真理さんは、持参した昭子さんの好きな野菜ジュースを一緒に飲みながら相談にのってもらった。そして、お礼に台所の掃除や食事の用意をさせてほしいとお願いした。こうして介護サービスが始まった。真理さんは「お世話に来た」のではなく、悩みを持つ〝一人の人間〟として昭子さんと向き合い、それが昭子さんの心のドアを開けたのだ。

その日、私も真理さんのように〝一人の人間〟として昭子さんを訪問してみた。すると今度は、昭子さんは私を家に迎え入れ、「生きていてもつまらない。死んだほうがいいと思う」と漏らし、自分の過去を話し始めたのだ。最初の夫に暴力を振るわれたつらい日々。その夫と死別してほっとしたこと、そんな薄情な自分に苦しんだこと、好きだった茶道を通して多くの人と交流したこと、そして再婚した夫に愛されて癒しをもらったこと、その夫が今年の春に亡くなって涙が枯れるまで泣いたこと、その悲しみを話す相手がいなくて寂しいこと……。部屋に飾ってある写真を見せながらたくさんの話をしてくれた。私は初めて、昭子さんの部屋が過去の挫折を乗り越えた場所、再婚した亡き夫の温もりの詰まった聖域だったことを知ったのだ。

「これからもこの場所で最期まで生きていきたい。でも寂しいし、不安がいっぱい。どうしたらいいんだろうね」

昭子さんは初めて支援を求める声を上げてくれた。


私は昭子さんへの介護のスタートで大きな間違いを犯していた。一つは、昭子さんが玄関を開けないのは、認知症特有の問題行動に起因している、と初めから思い込んだことだ。もう一つは、昭子さんを何とか説き伏せようとして、うまくいかないと「困った人だ」と非難めいた感情さえもっていたことだ。

もし私が、昭子さんの自分の家に対する思い入れと、第三者がプライベートな空間に土足で踏み込んでくることへの不安や戸惑いを理解していたら……。また、介護を押し付けるのではなく〝一人の人間〟として訪問していたら……。状況は変わっていたはずだ。私たちは介護を提供することばかりに躍起になりがちだ。もちろん仕事なのだから、それも当然考えなければならないことではある。だが、介護者である前に、私たちは何者なのか。まず一人の人間として利用者さんに向き合う必要がある。そうすることによって私たちは、聖域を荒らす侵入者ではなく、聖域を尊重する理解者の一人として利用者さんに出会えるのだ。

心の奥にある魂は、人生を全うすることを期待している

必ず迎えにくるから

「気にしてないよ。オレは悪いことばかりしてきたから自業自得だな。地獄に落ちるな。オレが死んでも誰も悲しまない。人生なんかロクなもんじゃない。これからもいいことなんかないよ。どうせ、死ぬのだからもう早く死にたい。生きる意味なんかない。お前もそう思うだろう」

その日、私が田口邦夫さん（仮名）を訪ねると、邦夫さんは体臭と尿臭のする部屋の中で、覇気のない、無精ひげが生えた顔で、ポツンとテレビを見ていた。酔いに任せて吐き出すその言葉に、私は答えも見つからず、なすすべがなくただ沈黙するしかなかった。しかし私は、いつもとは違う邦夫さんの気配を感じていた。それは、アルコール依存症で自分本位な利用者という表の顔の裏に、どうすることもできない悲しみを湛えた邦夫さんの姿だった。

必ず迎えにくるから

邦夫さんは七八歳で要介護1。六畳一間のアパートに一人暮らしをしている。五年前に脳梗塞で倒れ、後遺症で片麻痺となった。歩行は右足を引きずりながらも杖を使っている。洗濯や食事、掃除などは不自由をしているため、二年前から訪問介護を週二回と、通所介護を週に一回利用しながら自立した生活を送っていた。

邦夫さんはアルコール依存症で肝硬変を患い、医師から飲酒を控えるように促されていた。しかし、訪問介護ではヘルパーさんに日本酒の購入を依頼して、断られると怒鳴り散らした。通所介護でも、ときに千鳥足で酔いにまかせて職員に絡んだり、他の利用者とのトラブルを起こしたりした。誰もが近寄りがたく、かかわりにくい状態だった。その上に、家賃や公共料金、通信料などが払えず止まったり、介護利用料の未納が続いたり、生活もままならない状況だった。しかも、通所介護で知り合った高齢者に、職員に隠れてお金を借りて返さないでいることも発覚したのだ。私たちは邦夫さんにどうかかわったらよいか、事業所内や、ケアマネジャーを交えて話し合いをもった。しかし、解決策は出てこなかった。そんなとき、邦夫さんは体調を崩して入院。検査の結果、血液のガンであることが判明し、余命六カ月であることが医師から本人に告げられた。そしてそのまま退院。私は邦夫さんのたどってきた人生を思い出しながら、どんな思いで暮らしているのか気になり、部屋を訪ねたのだった。

邦夫さんは二歳で父親を失った。五歳のとき、母親と手をつないで出かけた花火大会の雑踏の中で、母親はやさしくほほ笑んで言った。「ここで待っているのよ。必ず迎えに来るから」。しかし、それ以来、母親は戻ってこなかった。賑やかな祭りの人波の中で、邦夫さんは唯一の肉親、愛されるべき母親に見捨てられたのだった。その後邦夫さんは、住んでいた秋田県から和歌山県の見知らぬ農家に売られた。誰も頼る人がいないので、いつも布団の中で泣いていたそうだ。そんな生活に嫌気がさして、一六歳で夜逃げをして大阪で裏社会に入った。やがて恋に落ちた人と一緒になり、子どもが与えられ、安らかな日々を過ごしていた。しかしそんな幸せもつかの間、とある罪を犯したことから、邦夫さんは刑務所暮らしとなったのだった。自分を理解していたはずの女性は、邦夫さんが刑務所から帰るといなくなっていた。「オレは金輪際、誰も信じないぞ。信じるだけバカを見る」。そのときに悟ったという。すさんだ生活の中で、自暴自棄の暮らしとなり、邦夫さんが三二歳のときに選んだ職業は「夜店のテキ屋」だった。「夢のような話だけれど、テキ屋をやっていればいつか母親に会えるような気がしていた」と邦夫さんは話してくれた。七一歳で仲間を頼り上京し、六畳一間の暮らしをしているとき、脳梗塞で倒れた。そして私たちとのかかわりが始まったのだ。

しばらく沈黙が続き、重たい空気のなか、それでも邦夫さんが未来に向かって何かを期待して生きてくれたら、そう願いを込めて私は質問した。

「そうですか。つらいですね。そう思っているんですね。邦夫さん、それでも今一番欲しいものは何ですか」

「金かなあ?」

そして沈黙のあと、小さな声でこう付け加えた。

「金も必要だけど……友だちかなあ」

「友のために自分の命を捨てること、これ以上に大きな愛はない。……わたしはあなたがたを友と呼ぶ」(ヨハネ一五・一三―一五)

私はその時、主イエスの言葉を思い出した。ほかでもない神こそが、邦夫さんを見捨てることなく、傍らに立ち、時間をかけて導いてくれていると。

人は、友なる主イエスに出会うために生まれ、生きている。今、友なるイエスは、邦夫さんの人生史を通して「友」として出会いたいと最期まで期待をして待っているではないか。確かに邦夫さんは母親との再会は叶わないかもしれない。けれど、友なるイエスを得て、自分と過去を取り戻し、有り余るほどの〝平安〟を得ることができるはずではないか。邦夫さんと私たちがかかわりを持ったのは、そうした大きな神の計画によるものだったのではないか……。私はそう思い当たり、これまで気づかなかった自分を悔いた。私は神の計り知れない計画に希望を置き、「私を用いてください」と祈り始めた。

月日は流れ、邦夫さんは支援を受けながら借金を返し始めていた。ある日、邦夫さんは私に告白した。

「借りを残して死ぬわけにはいかない。借りたお金は返したい。迷惑をかけた人たちに、特に娘に会って謝りたい。そして佐々木さんが話してくれた、

必ず迎えにくるから

こんなオレを友として、これからあちらの世界まで共に歩んでくれる神さまを信じてみたい」

邦夫さんは終末期で細く枯れた左手で自分の顔を覆い、声を出して泣いた。私は不自由になった邦夫さんの体をさすりながら、彼の思いに同伴した。そして後日、心安らかな顔をする邦夫さんに洗礼を授けた。

「佐々木さん、ありがとう。もう独りじゃない。嬉しい。天国で待ってるよ」

人間は危機的な状況を前に諦め絶望してもなお、心の奥にある魂（スピリチュアリティ）は、人生を全うすることを期待している。何事もなければ、自分でも気づかない、人の存在の奥深くに仕掛けられている期待、これを真の希望と呼ぶのではないか。私たちはこの希望を頼りに、利用者と共に歩み続けたいと思う。

「苦難と死は、人生を無意味なものにはしません。そもそも苦難と死こそが人生を意味のあるものにするのです。」（ヴィクトール・E・フランクル『それでも人生にイエスと言う』山田邦男、松田美佳訳、春秋社）

〝後悔していること〟にも耳を傾ける

果たすべき責任

死期を意識したとき、日常のなかで見落としていたものと改めて向き合うこととなる。それは大きな勇気を必要とするが、同時に大切なものを取り戻す〝はじまりのとき〟でもあるのだ。

白川五郎さん（仮名）は七〇代で要介護4、奥様と二人暮らし。三人の子どもに恵まれ、五郎さんは会社の経営者として成功をおさめていた。大きな家に住み、趣味の俳句を楽しみ、人生を豊かに過ごしていたが、一人の息子さんを二〇代の若さで失った。だが、五郎さんは仕事に追われて多忙で、息子さんの死に立ち会えなかった。そのことが五郎さん夫婦の間にわだかまりを残していた。

そんななか、五郎さんは仕事中に脳梗塞で倒れた。その結果、自分が創業した会社を退かなければならなくなった。五郎さんは今まで積み重ねてきた肩書や財力を突然失うこととなった。残されたものは、不自由な体と傷ついたプライド、そして冷めた家庭。それからの五郎さんは、リハビリに励むこともなく、投げやりな暮らしを送ることになった。そんなときに私たちの訪問介護を利用し始めたのだった。

五郎さんの家に伺うと、五郎さんは広い家の中で、一日のほとんどをベッドの上で過ごし、大型のテレビを観ることだけが楽しみになっている様子だった。排泄はおむつで済ませ、食事はベッドで済ませ、奥様との関係も息子さんの死以来ぎくしゃくしているという状況だったのだ。

そのような生活を続けるうち、肺炎をこじらせたのをきっかけに幾度かの入退院を繰り返すことになった。そして、点滴、鼻腔栄養、胃ろう……と少しずつ体調は悪化し、気管切開、吸引、酸素と体につける管が増えていった。そのたびに、五郎さんは徐々に自分の人生の「最期」が近づいていることを意識するようになっていった。気管切開した後、五郎さんは小さく漏れる声で、私に自分の思いを語ってくれた。

「ふがいない姿だろう。ぶざまで情けないよ。オレの命はもう残りわずかかもしれない。今さら自分のためにやりたいことはないし、十分にやってきた。でも、こんな姿になって初めて考えさせられた。オレにはまだ果たすべき責任が残っていると気づいたんだよ。妻の幸せのために何かをしてあげたいと思っているんだ。もっと妻の気持ちをわかってあげて、やさしくしてあげればよかった。どうしてもっと早くこんな大切なことに気がつかなかったんだろう。心から妻のために残りの命を使いたいと思っている。だからこんな姿になっても、もう少し生きて責任を果たしたい。それでももし明日、オレが死んだら妻に伝えてくれ。申し訳なかった。また向こうで夫婦として会おうな。って」

人は五郎さんのように、病気や老いによって肩書や健康を簡単に失う。そして死期を意識したとき、日常の中で見落としていたものと改めて向き合うこととなる。それは大きな勇気を必要とするが、同時に大切なものを取り戻す〝はじまりのとき〟でもあるのだ。だから私たち介護者は、利用者さんの身体的なニーズだけではなく、〝後悔していること〟にしっかりと耳を傾け、苦悩に寄り添い、利用者さんが周囲と再び関係を紡ぐために残された命を全うできるよう支援するときであることを意識したい。

果たすべき責任

死は、利用者さんの生命を奪う。だが、利用者さんとつながっているご家族や友人、かかわった人々との関係までは奪えない。だから、利用者さんがこの世ではない場所で周りの人たちと良い関係で再び会えるように、今このときに修復すべき関係を修復し、心の底から和解し、感謝や愛を伝えることを支えていくべきだろう。それは結果的に、この世に残される家族や周りの人たちが、利用者さんのことをいつまでも忘れず愛し続けることにもなる。

利用者さんの間近にいることが許される介護者は、利用者さんが生命の終わりを超えて、愛する人たちと関係を生かし続けていくことができるように、自分に何ができるか考え続けなければならないと思う。

介護とは共に死を見つめること

駅前の売れない本屋

「ひとりで死んでいく人はいない。だれもが想像をこえるほど大きなものに愛されている。だれもが祝福され、みちびかれている。……愛があれば、どんなことにも耐えられる。……永遠に生きるのは愛だけなのだから」（エリザベス・キューブラー・ロス『人生は廻る輪のように』上野圭一訳、角川書店）

吉田善一さん（仮名）は六七歳で要介護2、奥様と子どもと三人暮らしだ。駅前で小さな本屋を営んでいるが、子ども向けの絵本と自分の好きなジャンルの本しか置かない店は客足も少なく、いつ閉店してもおかしくない状況だった。そんな中で、善一さんは一年前、大腸ガンと診断された。手術や各種の治療をしたものの転移が見つかり、それでも店に立ち続けたが、二カ月前に吐血して緊急入院、日常生活にも介助が必要となった。そこで奥様から

駅前の売れない本屋

私に相談があったのだ。

初めて会ったのは退院の翌日、善一さんの自宅だった。やせ細り、頬のこけた顔でうつむいていた善一さんは、身体の痛みのこと、入浴ができないこと、食欲がないこと、便秘と下痢を繰り返すことなど、感じている不安を口にした。私はアセスメント（どうしてこのような状態なのかを分析する）をして、在宅生活の道筋をつけたが、なぜか奥様の表情はさえない。理由を尋ねると、本屋を閉める話が平行線のままになっていて、奥様が何を言っても善一さんは承知しないとのことだった。「その店に善一さんの失いたくない何かがあるのではないか」。そう思った私は善一さんに尋ねてみた。

「善一さん、今度お店に連れていってくれませんか？」

約束の日、善一さんはカッターシャツにハンチング帽をかぶり、私を待っていた。私が車いすを押して店を訪れると、善一さんは全身でお店の空気を吸ったあと、本屋を開業した経緯を静かに話してくれた。少年時代に父を失い、母は子どもを養うために働き詰めだったこと、用心のため火が使えずに暗く寒い中で母を待ったこと、そんなときに近所の古本屋さんが声をかけてくれて立ち読みをさせてくれたこと、そして、人のあたたかさと本の素晴らしさに取りつかれ〝自分も同じようになりたい〟と本屋を始めたということだった。私は、善一さんがどうしてもこの場所を失いたくない理由が初めてわかり、胸が痛んだ。

「尊い働きをされてきたのですね。この場所はあなた自身なのですね」

すると善一さんは堰《せき》を切ったように大粒の涙を流し、このまま死んでいく自分の運命を嘆いた。そしてしばらくして、これからどのように自宅で過ごしたいのかを語ってくれた。

自宅に自分の集めた好きな本を並べてほしい。特に『宮沢賢治全集』と『ビブリア古書堂の事件手帖』は自分が亡くなっても息子に渡して、今はダメな父親としか映らず敬遠している息子に、なぜ本屋をやっていたのかをわかってほしい。そしてもう会えないけれど、いつか息子の子どもたちにも読んで聞かせてあげてほしい。死後の向こうの世界では、迷惑をかけた妻と息子と共にゆっくり過ごしたい。

人は必ず死んでいく。そして、死によってすべてが消滅するように感じ、恐れ、途方に暮れることもある。だが、人は「ひとりで死んでいくのではない」とキューブラー・ロスはいう。たとえ、誰ひとり親族のいない独居の認知症高齢者であったとしても、顔見知りの人たちや介護職員たちに気遣われ、そして「だれもが想像を超えるほど大きなもの」に愛されて、平安のうちに旅立つことができる、というのだ。

しかし、今の社会においては、キューブラー・ロスのいう「愛」を確かめることも気づくこともできずに、独りで死んでいく人がなんと多いことか。そんな人たちを前にして、介護者は何ができるだろう。

「あなたは独りで死んでいくのではありません。多くの人たちの愛に包まれ、超越者（神仏）の大きな愛の中で平安のうちに旅立てるのです。そして、愛する人たちと共に永遠に暮らす世界へと導かれています」

そんな真理をかかわりの中で伝えられたらと思う。私は、死の淵に立つ人から逃げず、共に死を見つめる存在になりたい。「あなたは独りで死んでいくのではない」。介護者の一人ひとりにもそうなってほしいと願っている。

認知症は幸せな人生のための一つのミッションである

私になっていく

認知症になると、つい最近の出来事、時間や場所、人物の記憶が不確かになる。医学的には脳の神経細胞に有害な老廃物（異常タンパク）がたまったり、血管が詰まって血液の流れが滞り、脳細胞が死滅したり、働きが悪くなったりして起こるという仮説で説明される。しかし、認知症特有の問題を引き起こすのは脳機能障害だけではない。問題は複数の要因、身体要因（便秘や脱水、空腹等）、環境要因（人とのかかわり方等）、精神的要因（不安や心配、寂しさや孤独感、焦燥感等）、個人的要因（生活歴、そこで得た価値観や習慣、こだわりや好み等）にも起因するといわれている。これらの複数の要因を考えることが解決の糸口となるのだ。

後藤里子さん（仮名）は八〇代前半の女性で要介護2、生活保護を受給しながら一人暮らしをしている。三年前から膝に痛みを抱え、掃除や洗濯、調理などに支障をきたし、軽い認知症と診断されている。まもなく「お金を盗まれたと訴える」「同じものを何回も買う」「食べたことを忘れる」などの症状が現れ、里子さんは介護保険で訪問ヘルパーを利用することになった。しかし里子さんは「人の手を借りたくない」と介護サービスを拒否したのだ。

里子さんは東北の兄弟の多い貧しい家庭に育った。中学卒業と同時に上京、髪結いに住み込みで働き、二五歳で結婚。しかし子どもが生後六カ月の時に夫が病死、里子さんは路頭に迷った。身を粉にして朝から晩まで働いたが収入は少なく、その日の生活にも困るような状態だった。里子さんは先の見えない生活に疲れ果て、アルコールに溺れた結果、生活は破綻、子どもを児童養護施設に預けざるを得なくなった。後悔を抱え、それでも里子さんは年に数回、娘の好物を買って面会に行ったという。

どん底から抜け出せない、我が子さえ幸せにできない、そんな自分が情けない。そんな思いを抱えた中で、里子さんは生きてきたのだった。「何があっても人や社会に甘えてはいけない。自分のことは自分でやらなければならないのだ」。それは里子さんが人生のどん底で学んだ確信だった。だから年齢を重ねて認知症となり、日常生活が困難になっても介護を拒否していたのだ。

里子さんの部屋にこんな散文が貼ってあった。

「ここまで生きてきた苦しみ　神さまだけは知っている」


それから一年、里子さんの腹部に腫瘍が見つかり、手術することになった。私は手術前日に病室に里子さんを訪ねた。そして、私が身寄りのない里子さんの手術の保証人になったことを伝え、不安そうな里子さんの手を握り「心配いらないよ。大丈夫だよ。待っているから」と伝えた。すると里子さんは、私の背中に顔をうずめて泣き始めたのだった。

「佐々木さん、私、何十年も独りで生きてつらかった。世間の冷たさに何度も泣いたし、何度死のうとしたかしら。でも私を心配してくれる介護の人たちがいて……。私、うれしい。しばらく泣かせて……」

私はただ共に泣くことしかできなかった。


人は知らず知らずのうちに、経験を通して会得した偏見や思い込みに囚われて生きている。認知症になると、負の価値観や信念が如実に現れる。しかし、それは同時に歪んだ自己像から解放され、人生をやり直すチャンスでもあるのだ。

「（認知症を通して）私は、私になっていくのです」という認知症当事者（クリスティーン・ブライデン）の言葉がある。認知症は認知の地殻変動で本来の自分になる過程でもあるのだ。

里子さんは退院後、疎遠になっていた娘さんとの関係を回復した。

「私の人生、幸せだった」

里子さんは、そう繰り返して旅立っていったのだ。

認知症は、自力で生きることを強いる社会では問題だと捉えられることになるだろう。しかし、それはあくまでも認知症がもたらす諸相の一面を捉えているにすぎない。認知症当事者は、認知症である「私」を受け入れる過程を経て、家族や支援者との絆、自分の想像を超えて働く大いなる方の存在、そうしたものを身近に感じて、日々生きる喜びを味わえるようになる。そして、「私は幸せ」だという確信を得て安心して旅立つことができる。認知症は、決して単なる困った問題ではないのだ。それは大いなる方から与えられた、幸せな人生のための一つのミッションなのかもしれない。

働き盛りの余命二週間。支援者としてできることは

介護者はケアされている

石川隆さん（仮名）は五〇代の男性、奥様と中学生の娘さんと一緒に暮らしている。隆さんは大学を卒業後、製薬会社に就職し、多くのプロジェクトにかかわり、充実した日々を送っていた。ところが最近になって、長引く体調不良を気に掛けて受診すると、すい臓ガンが見つかり、転移もしているという事実が判明した。余命三カ月と告知され、奥様と共に声をあげて泣くしかない状況だった。体力が低下した隆さんは自宅療養となり、介護保険を申請した。そして、奥様が「ホッとスペース中原」に来所したのだ。奥様は、隆さんの現状について伝えてくれた。隆さんはすでにガンの転移で排泄に障害があり、食事も口から取りにくくなっていること、痛みを和らげるためモルヒネを使っているがうまくコントロールできず苦しんでいること、余命は二週間くらいであること、人見知りで人付き合いが苦手なこと。そして「夫

介護者はケアされている

の心の底にある思いを聴いてあげてほしい」と言われた。私は訪問を翌日に
決めたが、死を前提にした初対面の人の心の奥にある思いなど、どうしたら
引き出せるのか、不安で眠れずに翌朝を迎えたのだった。
隆さん宅を訪ねると、奥様は退席し、私は隆さんと二人きりで向き合った。
私は出会えたことをうれしく思うと伝え、隆さんの体調を見て会話は三〇分
ということにした。私は隆さんの痛みや現状を受容しつつ苦しみを共にした。
そして聞くべき核心を問いかけた。

「今、一番つらいことは何ですか」

私は全神経を研ぎ澄ませ、隆さんの言葉を待った。隆さんはゆっくり天を
仰いで言った。

「家族と別れることです」

その瞬間、今まで淡々と話していた隆さんが、胸元に掛けていたタオルを
顔にかぶせ、嗚咽《おえつ》した。私はしばらく、声を震わせて泣いている隆さんの思
いに心を重ね、私も泣きながらその肩をさするしかなかった。どのくらい共
に泣いただろうか。しばらくして、隆さんはタオルを外し、堰を切ったよう

に話し出した。

「私の父は、私が中学生の時にガンで亡くなりました。それがきっかけで母が精神的に不安定になり、家族は貧しさのどん底を経験しました。私は父を憎み、病気を恨みました。それでも、私はなにくそと思って涙をこらえて必死で生きてきました。だから、大学は薬学部を選び、企業で頑張り、家族を支えてきたのです。でも、もうじき私も、父親と同じように、大切な妻と子どもと別れて死んでいかなければなりません。もっと愛する家族と一緒にいたかった。『幸せにする』と誓った妻との約束を果たせなくなる。それが悔しい。つらいんです」

私は隆さんに語りかけた。

「おつらいですね。愛する家族と別れるなんて本当につらいでしょうね。でも隆さん、隆さんのご家族への愛はたとえ命の終わりがきても決して途切れてしまうものではないと思います。あなたが大切に育んできた家族の絆はいつまでも家族と共にあると思います。奥様や娘さんの魂の中に生き続けます」。それから、隆さんの力になりたいということ、隆さんの思いが少しでも多く伝わるように、その願いの続きをお手伝いさせていただきたいことを伝えると、彼は、ほほ笑んでうなずいてくれた。

その日の夜、私は自宅に帰り、いつものように家族と食卓を囲んだ。たわいもない話をしているとき、隆さんが大切なものを失うつらさが私自身のものとなり、不意に涙がこぼれてきた。

死を間近にした人や苦難に耐える人に、私たちは何ができるだろうか。私たちは利用者さんの苦しみの心情を、そしてその人らしさを形成している大切なものを、私たちの感性と存在をもって共有することが必要ではないだろうか。そのとき、利用者さんだけでなく私たち介護者自身も、失いたくないもの、守りたい大切なものに気づかされる。利用者さんの苦難を通して、私たちもケアされているのだ。

隆さんはこの大切さを残して二週間後に旅立っていった。

「どう死ぬか」を考えることは「どう生きるか」を考えること

死に臨む「あなた」と

私の目の前で、一人の老人が荒い息遣いの気配を残して、八〇数年の人生を閉じた。しわだらけの顔やごつごつした掌から、人生の労苦の日々がうかがえる。だが彼は、その労苦を共にしたはずの家庭や社会から引き離され、感謝もされず、別れの挨拶も告げられず、独りで死の訪れを待っていた。

臨終の瞬間、そこには誰一人いなかった。見送る人も涙を流す人も、別れを惜しむ人も。もちろん葬儀などない。

戦争で荒廃した日本を、豊かな社会に変える一翼を担ったであろうこの人は、その人生に感謝されることなく、寂しくこの世を去っていく。世界はこんなにも広いのに、この人の最期の場所は言わば仮住まいだ。老人ホームでは誰かが亡くなれば、別の誰かがすぐに入居する。部屋には見ず知らずの他人が同居していた。この人にあてがわれた居場所は、人がやっと身を横たえることができるほど小さな、借り物のベッド一つだった。

入職したての一九歳の私は、不条理な老人たちのはかない死を前にして、何もできない非力な自分を持て余し、ただ立ちつくし涙するしかなかった。唯一の救いは、死にゆく人たちが無力な職員の私を恨むことがなかったことだろう。この看取りの原体験は、やがて私に問い掛けてきた。「死とは何か。死を前にして介護に何ができるのか」。そして今に至るまで、この問いがターミナルケアやスピリチュアルケアを考える原動力になっている。


それからも、私は多くの人を看取った。その経験の中で、いくつかの真実を当事者が遺していってくれた。

まず「人は死の前に無力だ」と認め、「人は有限であるがゆえに尊い」と知ることだ。このこと抜きには看取り期の方々と共に生きることはできない。この前提に立って、その人を「一人の個人として」知る必要がある。そのために以下の三つの作業が有効だと思う。

第一は、その人の悲喜こもごものライフヒストリー（個人史）を理解することだ。その人が積み重ねてきたささやかな暮らしに共感することだ。駆け抜けた青春時代、家庭をもって家族と過ごした日々、失敗し挫折した出来事、仕事での苦労、後悔など、そこで経験した喜びも悲しみも、その人らしさを彩り、織りなしている大事な要素になる。

第二は、その人の存在を支えている、関係性（家族・友人・兄弟姉妹・神仏など）の絆をつなぐことだ。人は独りでは死んでいけない。死に臨んで、何かがその人と一緒にあることは、苦しみを和らげ、何ものにも代えがたい充足感を与えてくれる。肉体は消滅しても、目には見えない思いやりや愛は、かかわった人の中に残り、一粒の種が地に落ちれば必ず多くの実を結ぶように生き続け、受け継がれる。それを理解できた人だけが、自らの死を受け入れ、死をゆだねることができるようになるからだ。

第三は、三つの「いし」（意思・意志・遺志）に耳を傾け続けることだ。意見や思い、人生で成しとげたいこと、後の世代の人に伝えておきたいこと、それらの「いし」を聞くことは、その人らしい死に方（ＱＯＤ）に結びつく。そして、自らの人生の最終章に納得して、独自の人生の物語を完結させることができるようになる。

確かにターミナル期の支援とは、第一に食事や排泄、整容や環境という日常生活を支えることにほかならない。しかし、それだけに終始するのではなく、死にゆく人を個人として理解し、かかわり、その人が人生の最期に「私の人生はこれで良かった」と承認できるよう支援する必要がある。なぜなら、人は人として死ぬからだ。

哲学者の花崎皋平さんという人が『生きる場の哲学―共感からの出発』（岩波新書）でこう書いている。

「人間の根本的な不幸とは、いわば存在の忘却のことであった。そして、忘れられたその存在に、人間が気づくのは、自分がそのつどの悲しみにうちひしがれて涙を流すとき、ともに泣いてくれる一粒の涙が、自分の胸底に、自分の涙とは別にあることに気づくときである」

私たちが人の死を前にして、一粒の涙を流せるほどになっているならば、それはその人と一緒にかけがえのない日々を生きた証であり、確かにその人と共有した世界があったということだ。だから、一粒の涙をこぼせるように、利用者さんと過ごす限られた時間を大切にしたい。その人が「どう死ぬか」

を考えることは、その人が「どう生きるか」を考えること、そしてその人と「現在をどう過ごすか」を考えることなのだ。

今後、今まで以上に老人ホームや在宅で最期を迎える人が多くなる。そこで、たとえ一人であったとしても独りではなく、価値ある生を生き抜いた誇りある自分を失わず、「さようなら」「ありがとう」「また会おうね」と旅立つことができる。そんなふうに介護職が最期を看取ることは「公共的使命」であり、その働きは介護職でしかできないかけがえのない価値と意義があると確信している。

共に迷う中で希望は生まれる

無力でいい

「もう頭がごちゃごちゃです。あったものがなくなったり、ないと思っていたものがあったり、私の頭はどうかしています。排泄もオムツで、一人前にできないなんて哀れです。私、人を恨んでいる罰が当たったんでしょう。私はみんなの迷惑になるばかりでお荷物です。もうすぐお迎えが来るんですかね。これで人生が終わったら、神も仏もいないです。この前、自分には生きている価値がないと思い、酒を飲み、妻の位牌に『今行くから待っていてくれ』と話しかけたんです。首を吊るヒモと踏み台を用意して、首にヒモをかけたんです。でも、死ねなかったんです。死にたいのに、死ぬこともできない情けない自分にまた、絶望しました。佐々木さん、私の人生なんか、早く終われはいいんですよ。こんな私、生きている価値なんてないんです。そう思いませんか」。

岩城昭さん（仮名）は川崎市在住の八一歳、認知症で要介護3。アパートの一階、六畳一間で一人暮らしをしている。もともと昭さんは横浜市で一人暮らしをしていたが、娘さん夫婦が自宅近くに引き取って五年。昭さんは緑内障、難聴、高血圧、糖尿病、心臓肥大、膝や腰、首の関節痛の疾患を抱えていた。

昭さんは知らない土地に移り住み、内向的な性格もあって、買い物以外はアパートに引きこもる生活となった。三年前に軽い脳梗塞になって以来、ますます外出が減り、認知症状が出始めた。次第に、頭がモヤモヤする、偏頭痛が続くなどの身体症状、物忘れや短期記憶の低下が見られるようになった。そして通っていた病院に受診して、脳血管性認知症と診断された。娘さんは昭さんを心配し、介護保険を申請。訪問介護を週三回、通所介護を週二回、ショートステイを月五日間程度、介護用ベッド等の福祉用具の利用が始まった。昭さんも「最期まで自宅で過ごせたらいいなあ」と意思を表明していた。

しかし、六カ月程前から、すり足で歩行するために転倒が多くなった。また、トイレに失敗して衣類やリネンを汚し、時には便失禁で部屋を汚すこともあり、家には常に尿臭がするようになった。その上、更衣や入浴を嫌がり、「私は汚れていない」と失禁の処理を拒むなど、娘さんへの介護抵抗が見られるようになり、父娘関係まで険悪になってしまったのだ。昭さんは食欲もなく水分もあまり摂らなくなり、一日中寝ていることが多くなり、体重も急激に減っていった。娘さんは「今後、どうしたら良いか」と悩んでいた。

昭さんは山形県出身で三歳の時に母親を失った。その後、父親は再婚したが、昭さんが七歳の時に結核で亡くなった。昭さんは弟と二人で、血のつながらない父親の再婚相手と暮らし始めたが、一年後にその母親は、福井の漁師に昭さんと弟を売り渡し、その資金で上京してしまったのだ。昭さんにはその日から過酷な労働が待っていた。起床は朝五時。器用な昭さんは吹雪の中で漁の準備から片付けまでさせられ、学校に行くことも許されなかった。仕事が終わっても親方の家の掃除、炊事、裁縫から庭の手入れまでさせられ、自由な時間は寝る時しかなかった。「まるで奴隷のようだった。どうして父母は私を置いて死んでしまったのか。どうして私は一人ぼっちで生きていかなければならないのか。抱きしめるものは膝だけで、布団の中で泣くしかなかった」と昭さんは言った。二七歳で結婚し、子どもが生まれても、主従関係は続き、六〇歳でやっと自由になったものの、同時に仕事を失った。その頃すでに昭さんの身体は幼少時からの酷使がたたって、腰も膝もボロボロだった。それでも読み書きのできない昭さんは生活のためにきつい仕事も黙ってこなした。「駅の臭いトイレの清掃をし、這いつくばって生きてきました。好き嫌いの感情なんて八歳の時に捨てました」。そして七三歳まで働き続けたのだ。「そろそろ苦労をかけた女房に楽をさせてやりたい。骨休めをしに温泉でも行きたいなあ」。そう思った矢先に妻が心筋梗塞で亡くなった。「もう返事ができなくなった妻に、私は何度も何度も名前を呼んで、声を掛けました。『ありがとう。ありがとう。ごめんね。ごめんね』。生きている間に伝えればよかった」と昭さんはつぶやいた。昭さんは一人暮らしになり、川崎に引っ越してきて認知症となり、がんの末期で治らない病態と診断されたのだ。

壮絶な過去、荒廃した人生、人間としての尊厳を奪う数々の仕打ち……。昭さんはここまでどのようにして耐えてきたのだろうか。火の粉のように降りかかる不条理をどうやって乗りこえ、生き延びてきたのだろうか。私はそのことを想像するだけで、言葉を失った。「こんな私、生きている価値なんてない」と全生涯の経験をかけて訴える昭さんに、私は「この世界に必要のない人はいない！」と全身全霊で伝えなければならないのに、ただ沈黙することしかできず、無力感でいっぱいになった。

その後、私がいくら語りかけても、私の言葉は昭さんの表面をむなしく滑るだけで、思いは全く伝わらないという状況が続いた。「それでもなお、生きることに意味があると思います」と伝えても、「理解したいけど、分からない」と昭さんに言われたのだ。認知症による理解力不足だけではなかった。昭さんの自尊感情の低さ、何よりも愛や温もり、信頼する体験に乏しく、不信によってしか自分を守れなかった長年の経験が、そこに立ちはだかっていた。私と昭さんの間を不全感が支配していた。

どのようにしたら、昭さんの深い嘆きや悲しみ、諦めを拭うことができるのか。悩んだ末に私は、昭さんをそっと胸に抱きしめた。人として愛を伝える最後の手段としてそうしたのだ。私には昭さんという存在を丸ごと包むしかできることは残されていなかった。昭さんの心の闇に私の温もりを寄せるように、ゆっくりと話し掛けた。

「昭さん、ここまでよく生きてこられましたね。もう一人でがんばらなくていいんですよ。あなたは今、生きている。それだけで十分価値があります。だから今だけでも私に、ほんの少しでいいから寄り掛かってください。私は昭さんを大切に思っています。力になりたいのです。お願いします」

するとと、昭さんは肩を震わせ、声を出して嗚咽し、泣き崩れた。

「ほんとうに、私の人生はつらいことの連続でした。わかってくれますか。どこにも逃げる道がなく、怒りでいっぱいです。そんな私をどうしてわかろうとしてくれるんですか。何で、何で……見捨ててくれないんですか。見捨ててくれたらどんなに楽か……」

多くの利用者さんは自分自身の無力さを前に、希望を見いだし難い状況にある。これまでの人生、疾患、障碍、人間関係など様々な傷を抱えて生きている。そうした中で、怒りや不安に揺れ、迷い、自問している。そんな利用者さんと向き合うとき、私たちは自分自身も共に揺れ、迷い、自問しながら隣に居続けることしかできないのではないだろうか。それでいいように思う。人生を同伴することが私たちに求められているように思う。

私たち支援者は、揺るがないこと、迷わないことを良しとしてしまいがちだ。だが、共に揺れ、迷い、自問する中で、味わった無力感を拾い集め、じっと向き合う。その行き詰った先にやっと希望が生まれるのだ。だから利用者さんと共に揺れ、迷い、自問していいのではないか。誰かが人生を生き切ることを支えるとはそういうことではないか。

昭さんは次第に体調を崩していった。それでも、自分の支えである「家族」とのつながりを大切にし、貧しい暮らしをさせてしまった後悔を娘さんに謝罪した。娘さんは「そんなことない。両親が一生懸命生きている姿があったから、生きる厳しさを学ぶことができたのよ。いつも尊敬していたのよ」と言ってくれた。昭さんは安堵して、五カ月後、家族に見守られながら安らかな表情で旅立っていった。人生を最期まで生き切ったのだ。

「愛は技術である……技術を習得する過程は、……一つは理論に精通すること、今一つはその習練に励むことである。」
（エリッヒ・フロム『愛するということ』鈴木晶訳、紀伊國屋書店）

八六歳の男性が気付いた「人生の最期にしたいこと」

死からの贈り物

「いのちが　一番大切だと　思っていたころ　生きるのが　苦しかった
いのちより大切なものが　あると知った日　生きているのが　嬉しかった」（星野富弘『《花の詩画集》鈴の鳴る道』偕成社）

大野久雄さん（仮名）は八六歳。妻と娘夫婦と暮らしている。三年前から脳梗塞の後遺症で要介護状態となり、移動は車いす、食事は自力で行うが、排泄も入浴も介助が必要となり、介護サービスを利用していた。久雄さんは何度か肺炎を繰り返し、入退院が続いていた。ある日、私が訪問すると、久雄さんはぽつりとつぶやいた。

「オレはもう長くは生きられない。オレの人生、何だったのかなあ」

久雄さんは死を意識して人生を振り返るようになっていた。

人は誰しも「死」から逃れたい。しかし、どんなに科学が進歩しても、肉体の命に限りがあることは動かしがたい事実だ。人は介護されるようになると、その先にある死を考え始める。介護度が重くなればなるほど、死は身近になり、そこで生まれる無力感は嘆きと絶望、そして、「自分は何のために生まれてきたのだろう」「自分の人生には価値があったのだろうか」といった当事者の存在を揺さぶる問い掛けをもたらすのだ。

私は冒頭の詩を紹介しながら、「久雄さんにとって、いのちより大切なものってなんですか？」と尋ねてみた。久雄さんは、しばらくの間、考えていた。

久雄さんは父親が戦死。母親が夜なべをしながら久雄さんを育てた。東北の中学校を卒業し、戦後復興で賑わう工業地帯に集団就職した。一五歳の時、一目惚れした奥さんを射止めて結婚し、身を粉にして家族を支えた。仕事では無学のゆえに苦労し、目立った功績もなく、自殺した同僚が苦しんでいた時に助けてあげられなかったことが心残りだったが、それでも四五年間同じ職場で実直に勤め上げた。老いた母親を自宅に呼び寄せて介護もし、妻とは約半世紀の間、苦楽を共にしてきた。

やがて久雄さんは「いのちより大切なもの」に思い当たった。

「家族だね。妻と娘、孫たち。そして……疎遠になっている息子。息子に謝りたい」

久雄さんは大粒の涙を流しながら一〇年ほど前の出来事を話してくれた。

久雄さんは寡黙な性格で、思いを言葉にするのが苦手だ。寡黙というよりも無学のゆえに適切な言葉を知らなかっただけなのかもしれない。同居している息子に少しでも幸せになってほしいと願って、「酒ばっかり飲んでいるな」「子どもにゲームばかりさせていないでもっと勉強させろ」「嫁には仕事よりも家庭を大切にしろと言え」などと助言した。これは久雄さんの苦悩の八〇数年の物語（ライフヒストリー）から生まれた思いだった。しかし息子に真意は伝わらず、とうとう喧嘩《けんか》となった。

「そんなにオレたち家族を否定するならもうオレたちはこの家を出ていく」

その売り言葉を久雄さんは買って出た。

「勝手にしろ！　オレだって助かる」

それ以来、会うこともなくなっていた。

死は、久雄さんに深い絶望をもたらすと同時に、大切なものを思い出させてくれた。死を意識するとは、人生を振り返り、自分の人生の意味や自分の存在価値に思いを巡らし、自分の願いや大切な絆に気づき、限りあるいのちを後悔しないように生きようと心を定め、魂と向き合う作業なのだ。人は、この作業の中で、自分のいのちが尽きても、残り続ける「永遠」に関心を向け、「永遠」を切実に望んでいる自分に気づくようになる。それはまさに、家族や友人、さらには超越者（神仏）という存在によって、自分が生かされてきたことに気づくことだ。そうして初めて人は、大切な人たちに心底から感謝を、謝罪を、赦しを伝え、「また天国で会おう」と約束したくなるのだ。

涙の告白からひと月後、久雄さんは息子さんと再会した。残念ながら、存命中に和解は叶わなかったが、久雄さんの死後、息子さんにお話を聞くと、久雄さんを赦すだけではなく、感謝して暮らしていると話してくれた。

財産や地位、モノ、肉体は消えてしまうが、死を意識して感謝や謝罪、赦しを周りに伝えられた人は、「愛」を家族に遺すことができる。だから家族は、たとえ不仲で、時に感情的になることがあっても、死を意識した当事者に寄り添って、その人が魂と向き合う作業を見守ってほしい。当事者も家族も、その過程の中で大切なもの、互いを大切に思う「愛」に気づくはずだから。

わかってくれる人がいるから大丈夫

支援者に偏見はないか

「佐々木さん。オレ、今でも掛け算ができないんです。割り算なんかまったくわかりませんよ。ましてや英語なんて……」。そう言いながら、彼は少し笑って見せた。

大島道夫さん（仮名）は栃木県出身。母親は地元の高校を中退した後、道夫さんの父親と出会って結婚。二四歳で道夫さんを出産した。しかし、道夫さんの幼少期に両親は離婚。母子家庭になってから地元を離れ、神奈川県に移った。ほどなくして母親は再婚し、道夫さんには異父妹ができた。しかし、新しい父親は母親に暴力を振るった。母子は逃げるように転居し、母親は新しい父親とも離婚した。新しい街と見ず知らずの人間関係の中で、母子家庭の暮らしは容易ではなく、何度も引っ越しを繰り返したが、決して落ち着く

支援者に偏見はないか

ことはなかった。やがて母親が病気がちになると、生活は困窮した。衣服はいつもボロボロで、同級生からはいじめられた。「小学校は転校の連続で、やっと仲の良い友だちができると転校でつらかった」という。

中学校に入ると、地元の不良グループと一緒に過ごすようになり、学校には行かなくなった。一三歳で暴走族に入り、遊ぶ金欲しさに恐喝しては、ゲームセンターに入り浸り、夜の街をあてもなく歩き回った。補導されて児童自立支援施設に入所。仲間から脱走の誘いを受け、脱走を繰り返すこと三回。虞犯《ぐはん》（罪を犯すおそれがあり、環境・性格などの面から将来的に法を犯すおそれがあるとみなされる）で少年院に入院し、中学の卒業式も少年院で迎えた。卒業と同時に退院となり、仕事を探して、地元の建設現場で働くようになった。しかし、仕事中「バカ野郎、何やっているんだ」と叱られるとすぐに「ふざけんな！」とキレてケンカになった。なかなか一つの現場で長続きせず、地元の建設現場を渡り歩いた。

二〇歳の時に初めて彼女ができた。「かわいい子だった」という。彼女に誘われるまま覚せい剤に手を出した。彼女の紹介で暴力団の組事務所に出入りするようになり、覚せい剤を〝炙《あぶ》り〟でするようになった。四年もすると、妄想が見えたり、フラッシュバックがでてきた。止めようと思いながらも止められないまま一日、また一日と過ぎていった。

「オレ、今でも幻覚とか、被害妄想があるんです」「彼女だと思っていた女性から、オレはお金をだまし取られていたことに気がついたんです。オレはバカだから、それでもいいかなあと思ってたけど……」

あるとき、組の兄貴分から身代わりに出頭するように言われた。嫌になって、組事務所を逃げ出したものの、覚せい剤所持で警察に捕まる。その際、覚せい剤欲しさに恐喝した事件で追起訴されて実刑となり、刑務所で三年間を過ごした。二八歳で出所するも定職に就けず、生活に困って恐喝や窃盗を繰り返したが、そんな生活が長続きするはずもなかった。二度目の逮捕。二回目の懲役では、一年間を刑務所で過ごした。退所後には、ＮＰＯ法人の貧困ビジネスに引っかかる。道夫さんの給与は、月三万円のおこづかいを渡される以外は、ＮＰＯ法人にピンハネされていった。携帯電話や銀行の名義貸しで日々のお金を工面した。そんな道夫さんのささやかな楽しみは、外での飲酒だった。ある日、酒を飲んだ勢いで、むしゃくしゃした思いを相手にぶつけて逮捕される。三度目の逮捕だった。二年間の刑期で矯正施設に入れられた。そして今、出所を控えて私と向き合っていた。

道夫さんの半生に耳を傾けているうちに、一つの問いが、私の中をとめどもなく駆け巡りだした。「道夫さんが、目の前のことに短絡的に反応して、その都度、感情に任せて犯罪を重ねてしまったのはどうしてだろうか」「私も青春時代に大人に反抗し、道夫さんと同じような迷走をしながらも、犯罪の境界線をギリギリで越えることがなかったのはどうしてだろうか」「境界線を越えてしまった道夫さんと、ぎりぎりで踏みとどまった私と、その〝差〟は何だろうか」

道夫さんに過去の自分の迷走を重ねながら、私はあの頃の「社会や人間（大人）」に対する苦々しさを必死に掘り起こしていた。

「オレ、人と接したり、話したりするのが苦手なんですよ。あがり症だし、人間関係がうまくないんです。何を話したらいいかわからないんです。実際、話してもわかってもらえないんですよ。中学の時、何人かでワルさしたけど、オレだけ捕まった。他の仲間はうまく言って逃げたけど、オレはうまく自分のことを言えなくて、すべての罪をかぶった」「少年院の時だって、脱走を誘われてどう断っていいかわからなくてついていった。その後も警察に捕まったけど、裁判の度に、いろいろな人がいて緊張して、何をどう言っていいかわからなくて話せなかった。心の中で、またどうせ話してもわかってもらえない、と思うんです。そう思うからまた言えなくなって、無口になるんです」「どうせ、こんなバカでクズのことなんかわかってもらえませんよ」

私は、この言葉を聞きながら、見田宗介さんの『まなざしの地獄』(河出書房新社)という本を思い出した。そして道夫さんの置かれてきた環境を想像した。

道夫さんを「母子家庭」「機能不全家族」「非行者」「粗暴者」「犯罪者」と分類して接する大人たちの「まなざし」は、はたしてどのようなものだったのか。「○○は□□だ」というステレオタイプの認識にとらわれた支援者たちの「まなざし」を、当事者たちはどう感じてきたのだろうか。道夫さんに向けられた多くの「まなざし」は、彼の心にネガティブな烙印《らくいん》を押すだけだったのではないだろうか。それはむしろ、支援という名の差別と排斥、そして暴力でさえあったのではないだろうか。

支援者に偏見はないか

結果的に、当事者の自尊心を失わせ、自己評価を低下させ、自分がダメな人間であると思い込ませ、未来に対して絶望させた。また、道夫さんを感情的で短絡的な言動に追いやったのが、不特定多数の誰かの「まなざし」だったとしたら、それは人間の尊厳を奪う、言葉以上の暴力なのではないだろうか。もし道夫さんが私たちの「まなざし」を内在化し、そうだと思い込んで今まで生きてきてしまったとしたら、それはまさに「まなざしの地獄」ではないのか。

「オレ、友だちとか、わかってくれる人がいないんです」。道夫さんの、途切れがちな自分語りの隙間から言葉にならない叫びが聞こえてくる。

人は他者とのかかわりなしには生きられない。だから人はかかわりを求めて生きる。その希求が強ければ強いほど誰かに病的にコミットする。諦めればセルフネグレクトになり、求めても叶えられない経験を重ねれば、道夫さんのような状況に陥ることになる。

その一方で、私もまた、困難を抱えた人のどうしようもない苦闘や失望、鬱屈《うっくつ》した思いに鈍感で、偏見や既成概念、利己心に逃れようもなく囚われている。私もまた道夫さんを犯罪に駆り立てた加害者の一人なのだ。その真実に向き合ったとき、私は愕然《がくぜん》としながらも、どこか心穏やかになっていた。それは支援される側と支援する側という立場ではなく、一線を越えた道夫さんとギリギリで踏みとどまった私でもなく、道夫さんも私も等しく「罪」を犯した加害者同士という真実の下で、神の「まなざし」を意識しながら、私も道夫さんと同じ場所に立っていることに気づいたからだ。

数カ月経った頃、私は道夫さんに尋ねた。「以前のように人との関係でキレそうになることもあるでしょう?」。道夫さんはしばらく黙って考えていたが、「今は、わかってくれる人がいるから大丈夫です」。そう言って、ほほ笑んだ。

人間は共感的で深く信頼できる人間関係があれば、どんな困難で苦痛な心理状態や生活環境にあっても、ありのままの自然な傾向として発達・成長・回復へと変容していく。私はこの人間の力をこれからも信じたい。

「共感は疎外を解き放ちます」(カール・ロジャーズ『人間尊重の神心理学』畠瀬直子訳、創元社)

児童養護施設に拒否された高校生をケアする人とは

共同体の底力

清水洋一さん（仮名）は高校三年の男子学生。二年半前に児童養護施設で傷害事件を起こし、関西の少年院で過ごしてきたが、三年の入院を終えても退院できずにいた。帰る場所が無かったのだ。父親は幼少時に失踪、母親は病気で彼を扶養できず、受け入れ先であるはずの児童養護施設は事件を起こした彼の受け入れを拒否。傷害事件を起こしたのだから自己責任と言われればそれまでだが、たった一度のつまずきが、彼のこれからの人生を狂わせかねないという状況だった。

洋一さんのこれまでの人生は不条理の連続だった。父親が借金を重ね、母子にDVを振るった揚げ句に失踪。母親は精神を病み、体調を崩し、炊事も洗濯もできなくなった。洋一さんは入浴もできず、小学校では「臭い」「汚い」

といじめられた。唯一、痛みを分かち合えるはずの母親からも「お前なんか生まれてこなければよかった」と言われた。洋一さんは不登校になり、自傷行為を繰り返し、その後保護されて、児童養護施設に入所したのだ。

貧困、離婚、育児の悩み、ひきこもり、介護の負担、精神疾患、親子関係の不和、非行、DV……。私たちの人生に降りかかる困難は、洋一さんのケースのように、未解決のまま、次々にさらなる生きづらさを発生させ、複合化してしまうことが多い。

洋一さんは今、「ホッとスペース中原」のグループホームで暮らしている。高校に入り直し、悩みを抱えながらも夢を実現するために頑張っている。そんな洋一さんを、介護を受ける側にいる方々が支えている。高齢者のデイサービスに顔を出す洋一さんを笑顔で歓迎してくれる、認知症の美紀さんや同じ「社会の偏見」にさらされた「前科者」の敏夫さんや洋子さん、母子家庭育ちの要介護3の直子さん、親子関係が悪く困っている浩子さん、脳梗塞で生きる意味を見失った元教師の信二さん、知的障碍の和美さん。たくさんの要介護状態にある高齢者の方々が、専門職にはできない支え方をして、洋一さんのケアの必要を満たしてくれているのだ。

私たちは介護を必要とする方々に、「ケアの対象」というレッテルを貼り、支援者と要支援者に分断して、一方通行でケアを提供していないだろうか。確かに私たちの社会は、人間を「どれだけ稼ぐか」という経済的基準で序列化する。だから介護の現場でも、そうした基準が持ち込まれ、ケアを受ける人を経済的な視点で捉えて、社会の片隅に追いやり(周縁化)、存在を軽視し、時に拒否する。ケアを負担と捉えているのだ。

しかし、人は本来、互いを共に生きる「仲間」として受け入れ合い、「共同体」の中で生きる存在だ。言葉を失う事態に絶望しても、肩を寄せて抱きしめてくれる人、痛みに心を寄せて一粒の涙を流してくれる人、「共に生きよう」とくびきを負ってくれる人、自分を超えた大きな存在を信頼して希望をもって一緒に歩む人がいたのなら、生きにくさや困難は独りで解決しなくてもいいはずだ。人生には不条理な出来事が数多くある。洋一さんもまた、障碍や過去は変えられず、これからも苦労の連続だと思う。しかし多くの人々の中で、機能する「支縁」を受けながら、自分らしく生きることはできるはずだ。そして福祉団体や宗教団体は、まさに「支縁」を生み出す共同体としての機能を持っている。今後さらに、社会の周縁の必要を満たす可能性を持っている。

「いかなる人間も……人間としての尊厳と価値をもっている。たとえ、社会的な落伍者であっても、……神の形になぞられて創られた同じ人間である。また、天にましますわれらの父から永遠の愛を受けた申し子であり、天国を受け継ぐものである」（Ｆ・Ｐ・バイステック『ケースワークの原則［新訳改訂版］』尾崎新、福田俊子、原田和幸訳、誠信書房）

「支縁」を必要とする人は、社会の負担ではなく、世の光だ。悲しみが多くあったとしても、人は共同体の一員として隣人や神仏から慈しみを受ける限り、未来に向かって歩むことができる。

人は誰でも幸せになれる

遊びに来てね

私は常に、仕事においても家庭においても「みなを平等に愛することの大切さ」を語っていた。だが、本当の意味で「みなを平等に愛することの大切さ」を知らされたのは、ある少年と出会ったからかもしれない。

小学二年生の少年と知り合ったのは、小学生の娘と少年の姉が仲良くなったことがきっかけだった。姉に連れられて私の自宅に遊びにきた彼に、私はどこか引っ掛かるものを感じた。「こんにちは」と挨拶しても返事はなく、靴は脱ぎ散らかしたままで、服は汚く、靴下が真っ黒に汚れていた。その後も何度か少年は、姉と一緒に私の家にやってきたが、落ち着きがなく、娘たちの遊びをよく邪魔した。私が仲良く遊ぶことを伝えても、言うことを聞かなかった。近所では、少年が「コンビニのおにぎりやお菓子を盗んだ」と

遊びに来てね

悪い噂が立っていた。気になって、娘が少年たちの家に行った話を聞くと、モノが散乱し、布団は敷きっぱなしで汚かったという。「友達を選びなさい。あのような子と深くかかわってはいけない」。すぐに胸に湧き上がってきた思いを、子どもや仕事の手前、直接は言えなかった。少年たちと私たち家族は、どのような距離で付き合ったらよいのか、私は悩んだ。

だが、話を聞くと少しずつ事情がわかってきた。両親は離婚し、父親はいないこと。母親は南米出身でうつ病を患い、さらに末期の肺ガンで入院している。日本国籍がなく、家族は生活保護を受けている。もう一人七歳の弟がいるが入学手続きをしておらず就学していない。そして、三人の兄弟姉妹はそれぞれ父親が異なる。日常生活の様子もわかってきた。世話してくれる身寄りもなく、子どもたちだけで日の当たらない六畳一間で暮らしている。五年生の姉が朝五時半に起きてご飯を作り、洗濯をしてから学校に通っている。弟が学校を休む時は姉が大人の字を真似てメモを書き、教師に提出していること。

少年の置かれている状況が徐々にわかってくると、同時に私の過ちも思い知ることになった。ダメな人間だと決めつけていた少年が、深い悲しみを生き抜いている生身の人間として私の目の前に立ち現れたのである。今まで見えていた世界が音をたてて崩れ、考えもしなかった現実が存在していることに気づかされた。私にとって目の開かれた一瞬でもあった。

私はその子に声を掛けてみた。

「時々、遊びに来てね。困ったことがあれば何でも言ってね。できることがあればやってあげるから」

少年は初めて笑顔を見せた。それから時々私は、食事を届けたり、彼らと遊んだりするようになった。

半年後、子どもたちの願いもむなしく、母親は亡くなった。私は葬儀をした。たった三人の子どもたちと教会員だけの寂しい葬儀だったけれど、花を飾り、精いっぱいのお別れのときを一緒に過ごした。子どもたちは孤児になった。そして同時に国外退去の話が出た。彼らには日本国籍がないので、自分たちの国に帰るように促されたのだ。彼らは、その国に行ったこともなく、言葉も話せない。私は彼らの「日本に残りたい」という意思を確認し、日本に残れるように保証人になった。家に泊まりに来た日、私は彼らに「欲しいものは何？」と聞いた。少年は穴の開いた靴、袖口がほどけた服で「おんぶをしてほしい」と言った。私がおんぶすると彼ははしゃいだ。そして背中に頬をうずめたまま、すやすやと眠ってしまった。少年の姉は私の妻に「ハグをしてほしい」と言った。そして、妻の胸で大きな瞳から大粒の涙を流し嗚咽した。小さな少年少女が背負うにはあまりにも重すぎる人生の試練に私の胸は締め付けられた。

それから、少年たちの状況を知った私たちは、少年たちの学習支援と居場所づくりを始めた。初めは机の椅子に座るのに一時間かかり、座っても集中できない状態だった。支援者は閉口しただろうが、根気よくかかわってくれた。足し算がわかるようになり、学習意欲も増した。在留資格もみんなの尽力があって、許可が出た。それ以来たくさんの人に支えられて、少年は中学三年生になった。今、少年は自分の夢を学習支援に携わる人たちに語っている。

「僕は大きくなったら福祉の仕事をしたい。以前の自分のように困った人たちの力になりたい。たとえどんな状況にあっても助けがあれば、誰でも幸せに夢を持って生きることができることを教えて、一緒に協力したい。人は誰でも幸せになれるって。僕だからこそ、みんなの痛みがわかると思うから」

「何も知らない者は何も愛せない。……だが、理解できる者は愛し、気づき、見る。」（パラケルスス）

※この文章は玄侑宗久・鈴木秀子『仏教・キリスト教　死に方・生き方』（ＰＨＰ研究所）のあとがきを参考に、私の経験を記した。

私の考えるこれからの福祉

地域共生社会を目指して

「地域共生社会」は、地域包括ケアシステムの理念を高齢者だけではなく、介護・福祉や医療といった分野や世代を超えて、生活に困難を抱える人への包括的な支援として構築しようとするものであり、社会の機能そのものを大きく変革するコンセプトといえる。

背景には、かつて地域社会に働いていた相互扶助や家族同士の助け合いなどの機能が低下していることが挙げられる。

しかし、暮らしにおける人と人とのつながりが弱まるなか、これを再構築し、人生における様々な困難に直面した場合でも、誰もが役割を持ち、お互いに配慮し、存在を認め合い、時に支え合う社会をつくることによって、誰かが様々な事情で困難に直面しても、孤立せずにその人らしい生活を送ることができる。そうした社会を「地域共生社会」と呼ぶ。「地域共生社会」を実現するには、制度・分野ごとの「縦割り」や「支え手」「受け手」という関係を超えて、地域住民や地域の多様な主体が参画し、人と人、人と資源がつながる必要がある。しかし私たちの社会は、その現実を差し置いてもなお、「共生」という〝福祉社会〟を必要としていることを覚えたい。（厚生労働省ホームページの『地域共生社会』の実現に向けて」を参考に、一部文章を変更しました）

地域で相互の関係を育むために

通常、「地域共生社会」実現に向けての取り組みは、二つの方向から考えることができる。一つは「官製主体型」だ。行政主導の下、専門職が中心になって行っている「地域包括ケアシステム」や、厚労省が推進するプロジェクトがこれに当たる。もう一つは地域住民が主導する「住民主体型」だ。私たち「ホッとスペース中原」の取り組みは、これらの「官製主体型」でも「住民主体型」でもなく、行政、専門職、宗教、地域住民が混然一体となった「公共型」の試みと言えるかもしれない。

私たちの働きは、「地域に互助の関係が育まれたら良いなあ」という思いに背中を押されて始まった。その漠然とした思いを、型にはめず、行政や学識者、諸団体によって文字化された地域共生社会への多様なアプローチを参考に実践している。実践に際して、今まで大切に育まれてきた地域社会の貢献資源とは、敬意をもって協働することを心掛けている。特に社会福祉協議会の長きにわたる働き、善意で存続してきた小さな民間団体、主義・主張を超えた政党や宗教団体との協力などは欠かせない。

私たちの法人は①高齢者支援／介護保険（通所介護・訪問介護・居宅介護支援）、②障碍支援（グループホーム・ヘルパー派遣・計画相談）③子育て・子ども支援（親子広場・ヘルパー派遣・学習支援、里子ホーム）④権利擁護支援（成年後見人制度・触法者支援・交流カフェ・当事者集会）などの活動を行っている。

一九九八年から活動を始め、少しずつ活動範囲を広げてきた。まだ介護保険制度がなく、「官製型通所介護」では集団レクリエーションを中心とした一回の利用料が五〇〇円であった時代に、私たちは利用者主体の「民間型」の通所介護を一回四〇〇〇円で始めた。画一的な通所介護ではなく、一人ひとりの尊厳が大切にされる個別ケアを提供したいという思いからだ。また訪問介護は自費でも行ってきた。世界企業となっている会社の創業者、私立大の創設者、有名な心理学者、弁護士など日本を支えてきた人たちのケアとマネジメントもしている。

支えられる側から支える側に

子育て・子ども支援の「親子ふれあい広場」も一九九八年から始めた。私たちの地域は都心のベッドタウンであり、IT関連の大企業もあり、企業戦士の家庭でたくさんの母子が孤軍奮闘している。子どものための集いはあっても、親たちの居場所がないという声を聴いたことをきっかけに、通所介護の空き時間を利用して、外国人の方に英会話教室を開いてもらった。結果的に、一回一〇〇円でお母さんたちが知的好奇心を刺激され、コーヒーを飲んでくつろぎながらおしゃべりをする居場所になった。

その間は、お母さんたちがくつろげるように、地域のボランティアさんが子守りをしてくださり、〇歳から就学前までの子どもの遊び場も開かれるようになった。お母さんたちはいつしかネットワークをつくり、家族ぐるみのお付き合いも始まり、病気などの時には助け合う関係が自然に生まれている。

多いときには三〇組くらいの親子が集った。今では「親子ふれあい広場」が終わると、母子が通所介護の利用者さんたちと交わり、世代間交流が生まれている。お母さんたちは要介護の高齢者から育児の助言やねぎらいの言葉をかけられたり、子どもをほめてもらったりしている。赤ちゃんは要介護の高齢者に笑いかけたり、抱かれたりする役割を担ってる。赤ちゃんはたくさんの人から愛情を注がれ、誰もがお互いにケアし合う関係性を築いていく。かつて「親子ふれあい広場」を利用したお母さんたちのなかには、当法人の事務、調理、看護、介護等で職員として高齢者や障碍者のケアに携わっている方もいる。

やがて、「親子ふれあい広場」で育った子どもたちの中から、学習につまずく、学校になじめないなどの相談を受けたことから、「学習支援」も始まった。すると、同じ悩みを抱える近隣の子や外国籍の親を持つ子、貧困家庭の子、発達障碍の子どもたちがつながるようになった。その相談を障碍支援の専門職が担ってくれている。今では、その子たちが大学生になり、何人かは福祉の仕事に携わる夢を持ってがんばっている。

はじめは地域の方々に施設に来てもらうことから

私たちの法人では、積極的に地域の方々に来ていただいている。地域の保育園や小中学校、高校と協力し、介護実習生も受け入れている。実習受け入れ校は常時七校ほど。実習生たちがその後もボランティアとして、食事作り、おやつ作り、音楽やゲーム、話し相手や掃除に参加してくれるようになった。バザーや夏祭り、外出やクリスマス会には、介護保険を利用してかかわりのあった利用者さんの子どもやお孫さんがボランティアとして参加してくださり、利用者家族から職員になった方もいる。また、採れたての野菜や家で使わない物品を提供してくださる方もいる。さらに、専門知識と資格を持つ利用者家族の方が、私たちの活動の助言をしてくれるようにもなった。二〇一九年秋に開く新しい施設の約一〇〇坪の土地も、利用者家族が貸してくれた。私はこれらの体験を通して、地域に出ていく前に、施設を地域化することが大切だと痛感している。

〈壁を外す〉‥施設に地域の人たちに来てもらう工夫をする

↓

〈風穴が開く〉‥交流で風通しの良い施設となる

↓

〈課題共有〉‥お互いに課題が見えニーズが見える

↓

〈地域貢献〉‥地域の方々と施設で相互扶助が育まれる

縦割りを超えた活動

また、地域住民の交流を目的とした「ホッとカフェ」という活動も行っている。巷《ちまた》には「認知症カフェ」「子ども食堂」等の素晴らしい働きがあり、私たちも後に続こうと、何度か試行錯誤したが、少し形態を変えてみることにした。参加者から「認知症」「貧困」と規定されたくないと、拒まれることが少なくなかったからだ。そこで、私たちは「カフェ」に来る人の対象を決めないことにした。「ホッとカフェ」は「誰でも来られる居場所」になり、〇歳から九〇歳代までの様々な市民が集まっている。子どもは無料で、食べ終わったら別室で遊ぶ。大人は二〇〇円で食事をし、お茶やアルコールなども飲みながら、自分の問題や愚痴を語り、「対話」する。そこには貧困、離婚、育児の悩み、ひきこもり、不登校、介護、精神疾患、親子関係の不和、非行、DV……、多様な生きづらさを抱える人が集まっている。

しかし私は対話以前の前提として、語る人も聴く人も、等しく同じ人間だという認識が大切だと考えている。私たちには「ケアのためにかかわる」という無意識の前提がある。確かに、人には経済的な困窮、家族の課題、育児の悩み、人間関係、そして時には介護の問題などがあり、誰でも人生の途上で多様な課題にぶつかる。しかし人は、その中でなんとか生活を維持し、自分なりの幸福を得、成長していく全人的な存在だ。だから私たちは、「ケアを受ける人と与える人を分断」しないことが重要だと考えている。ケアを必要とする方々に、「ケアの対象」というレッテルを貼り、分断し、一方通行のケアを提供し、「他人事」で終わりにしない。すべての人はケアを受けながら同時に、ケアをしており、ケアをすることで人になっていくという「ケアリング」が必要なのだ。

また、人は共に生きる「仲間」として互いを受け入れ合い、「共同体」の中で生きる存在である。共同体があれば、生きづらさを独りで解決しなくてもいいのだ。私は触法者（少年院や刑務所からの出所者）支援を通して、そのことを実感している。住む所と仕事、そして支える縁（支縁）である共同体があれば、誰でも自分らしく生きることができる。共同体は、一人のケアを必要とする人の痛みに応えたいと思い、人のために立ち上がり、困難にある人を助ける。社会全体が共同体として機能するとき、人は共同体の支えによって「自立」する。自立の前提に「相互扶助」があるからだ。ケアは、他者の苦しみや痛みへの共感で成立する。私たちはこの当たり前をもう一度取り戻すべきではないだろうか。

なぜ地域共生社会か

私たちは、なぜ「地域共生社会」を目指すのだろうか。それは市場価値があるとか、はやっているからではない。私は、「地域共生社会」は、近代社会の基礎を築いた、ルソーの「社会契約論」につながっていると思う。ルソーは、「人は生まれながらに自己愛と他者への思いやりを持っている」と言った。これは「地域共生社会」の「互助の精神」につながっているような気がする。その意味では、人類の誕生から、この精神で脈々とケアが行われ続けてきた。私は、それを取り戻すことが大義だと感じている。私たちは互いを思いやり、共に生きるという人間の姿を見失っていないだろうか。私たちはお互いを人として認め合い、ケアし合わなければ存在できない。私たちは利害や打算的な関係ではなく、痛みや苦しみを分け合う関係を取り戻すことを求められている。この世界観に立たなければ「地域共生社会」の活動は続けることができない。ケアを、公的機関だけ、専門職だけ、地域だけ、家族だけに分割することなく、連帯意識をもって共に生き、他者への関心、課題への気づきによって「共同体」で行う意識を取り戻すことが必要である。

このように「地域共生社会」は、専門職、利用者や家族、地域の方々が互いを人として認め合い、ケアし合う関係を築いていくことで機能し、成立する。まさにマクロで「社会創造」、「人間復興」の精神も含んでいる。このことを意識しながら、これからの地域のあり方を考えていきたい。

「ケアによって、ケアされる人が治癒に、または自己実現に向かうばかりでなく、ケアする人その人も変化し、成長を遂げるというのである」

（ミルトン・メイヤロフ『ケアの本質』田村真、向野宣之訳、ゆみる出版）

存在すべきではなかった私から
～あとがきにかえて～

精神科病院を抜け出した、高次脳機能障害を抱えた父と、それを支える二八歳下の母の生活は、逃避行の連続だった。他人の軒先を借りるなどして同じ場所に三カ月と定住していられず、飢えと寒さに悩まされ続ける約一〇年間のホームレス生活の最中、私は母のお腹に宿ったのだ。社会通念上、私という存在自体が許されるはずもない。だが、両親は悩み抜いた末に産む決断をし、私はこの世に生を受け、今ここに存在している。

その後、両親は、村から二キロ離れた山の中に、ゴミ収集場から拾い集めた資材で、掘っ立て小屋を建てて生活を始めた。水道も電気もなく、屋根は何度も風で飛ばされ、雨漏りの連続。テレビや冷蔵庫、お風呂もなく、夜はロウソクの明かり。そんな環境に育った私は、不良少年になった。

家に帰らず、友だちの家やゲームセンターに入り浸り、夢も希望もない中で、気がつけば何百人もの不良グループのリーダーになっていた。そこは社会の負の縮図そのものだった。病気、失業、ひとり親、貧困、アルコールやギャンブル依存症、借金苦、ＤＶ等々、仲間のほとんどの家庭が、複数の深刻な問題を抱えて、崩壊していた。

そんな環境を知ろうともせず、私たちへの嫌悪感をむき出しにする大人へ、子どもである私たちができる選択肢は、反発や反抗しかなかった。不良少年たちにも、仲間へのやさしさなど、多くの良いところがあった。しかし、私たちは生きていくために、何をどうしたらいいのかわからないほど非力だった。私は仲間の声を聞くために奔走したが、いくら考えても解決策はどこにもなくて、ただ社会を憎み、強がることしかできなかった。

そんな私が今、五四歳になり小さなＮＰＯ法人の代表として社会生活を送っている。それは、私の力ではなく、たくさんの人の支えがあったからだと今になってわかる。特に、反社会的な存在であった私を信じ、外見で排除しなかった方々が、励まして見守ってくれたからだ。

この経験から私は、人はたとえ弱さや欠け、狂気を内に秘めていようとも、なお、大いなる可能性を備えていると確信している。また、こんな自分でも、共に環境をつくり、未来を志向してくれる人がいるならば、自分らしく生きることが可能であることを学んだ。その上で、変えられない運命ならば、誰かに人生を背負ってもらうことで前進していける。さらに、その傷から、他の誰かや社会を癒す力が生まれることも教えられた。だから、弱さと欠けを大切に、ありのままの自己と他者を受け入れ、共に生きることが必要なのだと確信している。そのようなことができる場所を社会につくっていきたい。

だから今、新しい場所を建設している。完成は二〇一九年一一月だ。その為に借金を三億円する。もちろん個人の借金だ。返す自信はない。やらないで後悔するよりも、チャレンジすることを選んだ。「ホッとスペース中原」が始まる前のことである。活動を始めるか迷っていた私に、有名企業の創業者の一人であるMさんがこう言ってくださった。

「あなたの目の前にいるただ一人の人に向き合い必要に応えなさい。大切なのは、その〝今〟を続けることだ」。

今後、社会の中で困難を抱える人、福祉を必要とする人は多くなるだろう。

それに伴い、生きにくさや孤立、不安なども増大するはずだ。私の属する「ホッとスペース中原」は、その人たちへどのようにかかわり、事業化し、支援するのかが問われている。私は社会の誰もが排除されない、「パリアティブ（あたたかく包容される）」な場所を、元当事者として、たくさんの人と共に模索していきたいと考えている。

「この世を動かす力は希望である。やがて成長して果実が得られるという希望がなければ、農夫は畑に種をまかない。」（マルティン・ルター）。

二〇一九年五月

佐々木　炎

初出一覧

(6) そこにキリストはいるか　『百万人の福音』いのちのことば社、二〇一五年一二月号
(12)「無償の愛」のバトン　『佼成』佼成出版社、二〇一八年一月号
(24) 彼は確かに生きていた　『佼成』佼成出版社、二〇一八年一月号
(28) その苦悩こそ　『ふれあいケア』全国社会福祉協議会、二〇一一年一一月号
(32) ぼくら終活サポーター　『ふれあいケア』全国社会福祉協議会、二〇一〇年九月号
(36) 社会は要介護者を必要としている　「生島ヒロシのおはよう一直線」ＴＢＳラジオ
(40) 涙の源泉を共に　「生島ヒロシのおはよう一直線」ＴＢＳラジオ
(44) やさしい、だから「いづらい」　『ふれあいケア』全国社会福祉協議会、二〇一二年九月号
(48) 誰かの幸せのために生きる　『佼成』佼成出版社、二〇一八年四月号
(54) 七夕の備忘録　『ふれあいケア』全国社会福祉協議会、二〇一二年一〇月号
(58) 聴く人が要る　『ふれあいケア』全国社会福祉協議会、二〇一二年六月号
(62) また来てもいいですか　『ふれあいケア』全国社会福祉協議会、二〇一二年一一月号

(66)　それでも心は生きている　『ふれあいケア』全国社会福祉協議会、二〇一二年八月号
(78)　あたたかな絆があれば　『ふれあいケア』全国社会福祉協議会、二〇一二年四月号
(82)　また、背中ながせよ　『ふれあいケア』全国社会福祉協議会、二〇一二年七月号
(86)　侵入者　『ふれあいケア』全国社会福祉協議会、二〇一〇年一〇月号
(90)　必ず迎えにくるから　『ふれあいケア』全国社会福祉協議会、二〇一三年二月号
(96)　果たすべき責任　「生島ヒロシのおはよう一直線」ＴＢＳラジオ
(100)　駅前の売れない本屋　『ふれあいケア』全国社会福祉協議会、二〇一三年四月号
(106)　私になっていく　『佼成』佼成出版社、二〇一八年三月号
(110)　介護者はケアされている　『ふれあいケア』全国社会福祉協議会、二〇一二年一月号
(120)　無力でいい　「生島ヒロシのおはよう一直線」ＴＢＳラジオ
(128)　死からの贈り物　『佼成』佼成出版社、二〇一八年五月号
(140)　共同体の底力　『佼成』佼成出版社、二〇一八年六月号
(150)　地域共生社会を目指して　『シニア・コミュニティ』ヒューマン・ヘルスケア・システム
二〇一八年五・六月号

【著者紹介】

佐々木　炎　（ささき　ほのお）
介護福祉士、主任介護支援専門員、サービス管理責任者、牧師
ホッとスペース中原代表、日本聖契キリスト教団中原キリスト教会牧師

1965年静岡県生まれ。青春時代は不良少年として過ごす。聖隷学園福祉医療ヘルパー学園、聖契神学校、日本社会事業学校専修科卒後。特別養護老人ホーム職員、プライベート介護に携わった後、1998年「中原キリスト教会」開拓と同時に「ホッとスペース中原」を始める。
現在、福祉と教会の現場に携わりながら東京基督教大学、上智大学グリーフケア研究所グリーフケア人材養成講座、読売理工医療福祉専門学校等で講師を務める。社会福祉法人牧ノ原やまばと学園理事、愛隣会理事。キリスト新聞社取締役。全国社会福祉協議会『月間ふれあいケア』編集委員。「認定介護福祉士」「ファーストステップ研修」「認知症ケア」「看取り介護」「人間の尊厳と倫理」などの講演をする。著書に『落書きの教科書』（キリスト新聞社）、『人は命だけでは生きられない』（いのちのことば社）など。

ホッとスペース中原ホームページ：http://hotspacenakahara.org/

【挿絵イラスト】
マーモットこずえ

どん底から見える希望の光——ともに生きる福祉《ケア》の実践

2019年6月21日　第1版第1刷発行
2019年9月20日　第2版第1刷発行
2022年3月22日　第2版第2刷発行

著　者　佐々木　炎
発行所　株式会社　キリスト新聞社
出版事業課
〒162-0814　東京都新宿区新小川町9-1
早稲田オフィス
〒169-0051
東京都新宿区西早稲田2-3-18AVACOビル6階
電話03(5579)2432
UEL.http//www.kirishin.com
E-mail. support@kirishin.com
印刷所　モリモト印刷

ISBN978-4-87395-763-0 C0016（日キ販）　Printed in Japan